国際共生研究所叢書

1

大阪女学院大学

Research Institute of International Collaboration and Coexistence 1

国際社会への
日本教育の新次元

今、知らねばならないこと

New Paradigm of Japanese Education
for a Global Society

Now, what we must learn

関根 秀和＝編

東信堂

はじめに

学校教育と大学教育の本質に関わる今日の動向を、キーワードで表すなら、「淘汰」と「改革」になる。今、学校も大学も、これまでにない激しさでその存在を問われている。言い換えると、学校や大学で行われる教育が、社会からの期待に組織的に即応しているかどうかが、その存在の第一義となり、その意味で教育はこれまでになく社会的機能に深く組み込まれることになった。もと、学校や大学の教育の目的は、現実（社会）への実務・実践を通じた関与から一旦離れて、現象そのものを客観的に認識し、現実を批判的に検討し、翻ってそういう視点に立つ自己を捉え返す「知」を育成することが第一義であった。

しかし今日においては、社会的期待への認識と、それに対する即応性なくしては、組織的教育そのものの存在意義を失い、学校も大学もその存在を制度的に批判され、少子化の進行に伴う学生・生徒の獲得を巡る競争においても淘汰される。また、市場競争において、思い切った改革を常に意識化しない企業が、その世界から淘汰されて消滅していくように、学校や大学においても競争的環境の中でいかに個性を演出するかという生存に向けた改革が、すべての前提になりつつある。

もちろん、生存が課題であってはならない。今、学校教育と大学教育が、何を問われているのかを明確に捉え、その認識に立って自らの使命を問い返す改革が志向されなければならない。

　真に課題を認識するためには、世界の教育をめぐるトレンドに注目し、それが国の教育行政に与えた影響を知り、教育施策とその意味を理解する必要がある。例えば、サッチャーの教育改革やレーガンの教育宣言、またケルンサミット（一九九九年）の「知識基盤社会」に関する提言など、それぞれの状況における危機感とその波及が、先進国は言うに及ばず広く国際社会全体に学校教育と大学教育の制度改革を促した。

　通常、教育現場を支える力は、その現場がそれなりに積み重ねてきた成功体験と伝統であり、改革にあたっても、ひたすらその延長上で模索することに傾斜しがちである。しかし、今日、真に改革を目指しこれを生かすには、国内外を通じる様々な制度の変革が、自分たちにとって何を意味しているのかを意識化していく必要がある。そういう改革への取り組みを成果のあるものにするためには、問題の全体的な俯瞰を得、重要ないくつかの事項について詳細な理解を得る機会と情報が必要である。

　本書はその趣旨において、誠に時宜を得た四つの論述を掲載している。幸いにして、我が国の教育施策に重要な貢献を成し提言を重ねてこられた方々のご協力を得ることができた。

　今日の教育に関わる様々な状況について関心を持ち、また真摯に課題と取り組んでおられる一人ひとりに、明解な視野を開くものと企画者として確信している。

編　者

国際社会への日本教育の新次元✽目次

装丁――田宮俊和

国際社会への日本教育の新次元——今、知らねばならないこと

第一章　世界と日本の教育改革

鳥居泰彦

教化と教育――森有礼と福沢諭吉

現在、日本だけではなく世界全体に教育改革の波が押し寄せてきている。そうした状況と、今後の日本の教育改革のあり方について述べていきたい。

明治の初め、明治の時代をつくった元老たちが、「エデュケーション」という言葉を何という日本語にしようかと考えた。大久保利通公は、伊藤博文たちと一緒にヨーロッパ、アメリカを見て帰国したばかりの時期に、「教化」という言葉を提案する。いうまでもなく、「教化」というのは何にも知らない人に、何も知らない子どもに教えるということである。

お辞儀の仕方を知らない者に礼儀を教える。しゃべることはできても書くことができない子どもに、書くことを教える。それも教化である。したがって教育の非常に重要な部分を表している言葉だと言うことができるであろう。

それに対して文部卿であった森有礼は、「教育」という言葉を思いつく。これは江戸時代から使われていた言葉ではあるが、それほど熟した言葉ではなかった。教える、そして育てる。この両方の大切な意味が込められているのが「教育」という言葉である。結局、この「教育」という言葉が、日本の「エデュケーション」の公用語としての言葉になる。

それから十年ほど経った頃、福沢諭吉は自分がつくった『時事新報』という新聞の紙面に「教育、あるいは教化というのは、それぞれ納得のいく言葉ではあるが、しかしながら、エデュケーションという言葉には、もう一つの意味があることを忘れてはならない」という論文を書いている。

福沢によると、エデュケーションという英語の元はラテン語の「エデュセレ」という言葉であり、その意味は「引き出す」というものである。福沢は、人間が本来もっている、そして子どもたちが本来もっている、能力や才能など、そういったものを引き出すということも教育の大事な営みなのではないか、ただ、自分には言葉が思いつかないから言葉を提案することはしないが、能力を開発するという意味の何かの言葉を入れられないものだろうかと、そういった内容のことを論文に書いている。

よく教育学の世界で、福沢・森論争とか、森・福沢論争ということがいわれるようであるが、実際に二人は論争したわけではないであろう。提案した時期が十年以上ずれているし、第一、福沢諭吉は森有礼の仲人であり、そのことから見ても二人が喧嘩、論争するわけはなかったといえる。

ミッションスクールが誕生した時代

福沢諭吉が慶應義塾をつくったのは、安政五年の一八五八年。ちょうど今年で一五〇年となるが、その後、さまざまな社会的な活躍をし、明治十三年に慶應とは何の関係もない日本中の心ある人たちの話し合いの場として「交詢社」をつくることになる。その交詢社がつくられたのが明治十三年、その交詢社の縁の下には反政府の武器が隠されているのではないかというようなことがいわれ、翌年の明治十四年に、いわゆる「明治十四年の政変」というものが起こる。

そして、当時、政府の高級官僚の多くを占めていた慶應義塾の卒業生は、ほとんど全員解雇されることになる。また、政府のもっと上の要職にあった人たちも、政府から追い出されてしまう。その最たる人物が早稲田の創立者である大隈重信であった。彼は「明治十四年の政変」で、筆頭参議の職を解雇、そして、明治十五年に早稲田大学の前身である高等専門学校をつくることになる。

そういうさまざまなことがあった時代、そのちょうど一年後に、この大阪女学院も創立される。

非常に古い時代のことであるが、日本の歴史の上でも非常に重要な時代。そういう時代に大阪女学院のもとになるミッションスクールができているわけである。

ミッションスクールの話をもう少し進めていこう。おそらく、日本で一番古いミッションスクールは横浜にあるフェリスであろう。この学校は、明治三年の創立である。ヘボン式のローマ字というものがあるが、そのヘボン式で知られるヘボン先生が開いていた施療院、診療所において授業を始めた先生がいた。ミス・ギダーという先生である。そのギダー先生の開いた学校、それが「フェリス」となる。

それから二年ぐらい経った時、明治政府は江戸時代から続いていた「キリスト教禁止」の高札を日本中から撤去しはじめる。これは、特にキリスト教の布教を許すとしたわけではなく、ただ、何となく高札を外したというものらしい。そこで宣教師たちが、これなら大丈夫だろうと判断して活動を開始するのが明治五年である。

こうした背景の中で、この明治五年には、いくつかが今でも残っている、例えば東京の青山学院のような代表的なミッションスクールが出来始めることになる。そのような時期に、この大阪女学院も誕生する。この明治十七年という年は、とても大事な時期にあったといえるだろう。

国家戦略の必要性——世界金融恐慌を通して

さて、現在の日本である。まず指摘しておきたいことは、日本という国は、国家戦略がなければならない大事な部分に、はっきりとした国家戦略がない、そういう国なのではないかということである。確固たる国家戦略を必要とする分野としては、政治、経済、国防、そして外交、教育というのが、まず挙げられるであろう。

二〇〇八年十月、まさに未曾有ともいうべき世界大金融恐慌が起こる。このような時期に立って、あらためて世界の中の日本というものを考えていくと、本当にこの国には国家戦略がなかったということができる。そして同時に、実はアメリカにおいても国家戦略が希薄になってきているのではという見方を持たざるをえなくなる。

この恐慌については、そもそも、その年の初め、三月ぐらいに、どうもおかしいという現象が起こっていた。すでにその頃から多くの人たちが「怪しい、怪しい」と言い出し始めていたのである。そして、七月頃からサブプライムローン、つまり、お金を借りる力のない人に無理やり、ただ同然のような金利でお金を貸し、家を買わせた。そのお金で、「安心して家を買いなさい、買った家の価格は、どんどん値上がりしていくはずだから、もしお金が返せなくなったら、その家を売却して返してくれればいいのですよ」と、そういう貸し方をしたわけである。

それだけではない。その貸したお金が焦げついた場合は、それ以上のことは請求しないという約束までした。その結果、一〇〇万件ぐらいの家のローンが、実際に焦げつくことになる。

そしてその焦げついた家の証文、ローンは全部、株券のように証券化という形で世界中に売り払われ、もはや収拾がつかない状況となってしまった。

二〇〇八年八月二十二日、アメリカのウィスコンシン州イエローストーン近くにある保養地ジャクソンホールに、世界中の中央銀行の総裁、彼らを教えた先生や大学時代の仲間の経済学者、特に金融の経済学者などが集まり、「ジャクソンホールシンポジウム」という大きなシンポジウムが開かれた。

このジャクソンホールシンポジウムは二日間の日程で開かれたが、その冒頭でアメリカの中央銀行の総裁であるフェデラル・リザーブの議長バーナンキが次のような演説をする。

「石油も安くなってきた。物価ものすごく高騰すると思ったら、意外に高騰しない、アメリカの経済は何とかなるだろう。今年の秋は、皆さんに心配かけないで済むと思う。万が一おかしなことが起こったら、我がフェデラル・リザーブ、要するにアメリカの中央銀行は立ち上がるから心配ありません」。

これに対して、イスラエル銀行の総裁であるスタンレー・フィッシャー（バーナンキの博士論文の審査を担当した先生）は、次のように反論する。

「いや、私の考えは違う、多分この会場にいるすべての人の考えは、みんな違うと思う。それどころではない、これから世界は、奈落の底に向かって落ちていくかもしれない、何が起こるか分からない。それが何であるかを今ここで言うことははばかるけれども、何かが必ず起こる。そういう時期に我々は立っているのではないのか」。

このフィッシャーによる反論は、平たく言えば「何を呑気なことを言っているのだ」といった内容であろう。

余談であるが、あいにくこのシンポジウムには、日本の中央銀行の白川総裁は出席しておらず、その代理として前の総裁の副総裁、日銀の山口副総裁が短い論文を読むことになっていた。その論文を読んでみたが、まさに「日本銀行はまじめにやっております。心配要りません」というようなことが書かれているだけのものであった。

それから二週間後の九月十二日、白川総裁に会った私は、次のような会話をした。

「白川さん、あなたはなぜ行かなかったのですか」。

「いや、大阪で大阪財界人との会があったので、そちらに行っていました。もともと組んでいたスケジュールだったので、そちらへ行ったのです」。

「大事な会議を逃しましたね。こう言っては悪いですが、私の後輩なのですが、山口君につまらない論文読ませて、もったいなかったですね」。

そして、その三日後の九月十五日、あのリーマンブラザーズが倒れる日を迎えることになる。ここからすべては始まる。アメリカの国会は大急ぎで自分たちで法律をつくり、そして、その法律を国会で審議することにした。それに対して、日本の国会は実に呑気である。

アメリカの国会には下院と上院があるが、まず下院にかける。しかし、そこで否決。選挙が近いことから、「大事な私たちの税金を、そんな銀行だけ助ける金に使うのか」という考えを持つ選挙民に配慮した結果である。

しかし、そうしている間にも、次から次へといろいろな銀行や証券会社が倒れていく。そこで慌てた上院が、十月二日、まずその法律「金融安定化法」を可決。そして、その日から翌三日にかけて、議員たちはまさに寝ないで夜通し議論をして、そしてようやく下院も可決をすることになる。しかし、もう時はすでに遅く、暴落に次ぐ暴落がそこから起こり始めてしまう。

アメリカは、その後いろいろな手を打つことになる。今日、日本は（二〇〇八年）十月十一日で、アメリカは十月十日である。もう終わっているかもしれないが、現在、G7、要するに、主要七カ国の中央銀行総裁と大蔵大臣がその問題についていろいろ議論しているはずである。日本からは中川さんと白川さんが参加しているが、その結論を見て、もう一回暴落が起こることもありうる。

こういった一連の流れを見ていると、政治とか経済というものは、いかに国家戦略が必要かということが分かる。振り返ってみて、あらためて私たちは、この国には国家戦略がなかった、アメリカにもなかったということを感じる。しかし、アメリカが日本と異なるところは、たちどころに次の国家戦略を打ち出す力を持っている、ということであろう。

サッチャーとレーガンに見る「教育」

日本においては、政治や経済だけでなく、国防や外交においてもこのような大きな問題を抱えているといえるが、そういったもののいずれをとっても、やはり教育の力が大事となるであろう。元になるのは、やはり人間の一人ひとりの力である。そのことをあらためて感じさせられる時代に、今日私たちはいるのではないだろうか。

この教育改革について、見事な前例を残してくれたのが、イギリスのサッチャー首相である。サッチャー首相は、一九七九年にイギリスの首相に就任。そして、約十年間、議会にかけ続けて「一九八八年教育改革法」という法律をつくる。反対派を片っ端から説得したり、あるいはその反対意見を受け入れたりして、修正をくり返しながら通したのが、この八八年教育改革法である。

この八八年教育改革法を最後に仕上げる前の年、一九八七年十月のブラックプール保守党大会で彼女は次のように演説している。

「今期の国会の最重要課題は、教育の質の向上である。英国が、日本、ドイツ、アメリカに優位に競争していくには、よき教育と訓練を受け、創造力に満ちた若者が必要である。今、教育に立ち遅れれば、明日の国力は衰退する。英国の子どもたちは、必要な教育を受けていない」。

これが演説の趣旨であるが、こういった国家戦略、ビジョンを持った政治家を、日本はまさに今必要としているのではないだろうか。

これと同じ頃、一九八三年には、アメリカのレーガン大統領が最後の仕事として『ア・ネーション・アット・リスク』というレーガンレポートをまとめた。これは千ページもある膨大な教育白書である。この中でレーガンは、アメリカの教育がいかに衰退してしまっているか、そして、アメリカ社会のいろいろな変化を反映した結果、いかに学校の構造がゆがんできてしまっているかということなどを詳しく分析している。

中には、アメリカでは学校の先生の男女比率が変化してきているということにも触れている。校長先生、教頭先生から、その多くが女性の先生で、男の先生は本当に少数になってしまったが、学校の教育は本当にこれでいいのかということも問うている。そのほかにも、いろんなことを述べているが、その長い報告書の最後は、次のような言葉で結ばれている。

「エデュケーション・コスト・メディオクリティ・コスト・ファーザー・モア」。

この中の「コスト」というのは「金がかかる」という動詞、「メディオクリティ」とは「凡庸な人間」ということである。この箇所を日本語に訳すと、次のようになる。

「教育には費用がかかる。それを惜しめば、凡庸な国民の山を築く。凡庸な国民の山ができれば、はるかに大きな費用がかかるよ」。

それがこの報告書の最後の文章である。この視点が、今の日本には欠けているのではないだろうか。

負の時代であった一九八〇年代

一九八〇年代、我々にとっては非常に教訓になる時代であった。少しこの時代を振り返ってみよう。

この時代、先進国の各学校、教育界は共通の病で悩んでいた。モラルの低下、学校の子どもたちも、町にあふれる若者もみんな荒れており、学力の低下、学校ではいろいろな荒廃現象、徘徊とか、もうさまざまな現象が起こっていたのである。また教育の質も低下し、学者の現実離れもひどいものがあった。

例えば、我々が一九六〇年代に学者の営みをしていた時代にやっていたことと、この八〇年代に入ってからの学者たちがやり始めたことを比べると、大きな相違があるといえる。学者というのは、論文を世に出すために生きているようなところがあるが、それではそれを世に出すには、どのようにすればよいのか。昔の常識でいえば、今までの過去の積み上げの上に新しい業績を載せる、積み上げる——それが「新しい仕事」というものであった。
しかし、八〇年代は「ニューパラダイム」という概念のもと、多くの分野で過去の研究の蓄積など関係なしに突然新しいことを言い出し始めるようになり、そして、それらがすんなりと受け入れられていってしまうようになるのである。このような事態を危険だと感じていたのは私だけではなく、例えば私の専門の経済学の世界ではAEA、すなわちアメリカン・エコノミック・アソシエーションが立ち上がり、多くのノーベル経済賞受賞者も含めて、これではいけない、我々は現実に戻らなければならないということを言うようになる。これが一九八〇年代という時代であった。

刻々と変化する世界、その中で何を教えるか

もう一つ大事な問題がある。実はこの当時——今でもまだそうであるが——、六十三年前に終わったはずの第二次世界大戦、当時の戦勝国と敗戦国との関係をいまだに我々は引きずっているのだ。いまだに戦勝国グループと敗戦国グループが分けて考えられてしまっているという現実がたくさん存在する。代表的な例としては国連がそうであろう。国連の常任理事国というのは、戦勝五カ国なのであり、非常任理事国の中に、日本をはじめとした敗戦国が入っている。明らかにこれは戦勝国の集まりといえるのである。

金融危機については前述したが、この問題の解決案の一つに、ユナイテッド・ネーションではなく、新しいリーグ・オブ・ネーション――つまり昔の国際連盟――、そういうものをつくって出直そうという案までも出てきている。これらは戦勝国と敗戦国の区別が今でも存在することを示すものであるが、不思議なことにそのどちらにも共通の現象が起きている。

その一つが、自分の国に対する自虐史観、国家批判である。それが典型的に現れたのがイギリスと日本である。

サッチャーが現れるまでイギリスの学校で使われていたイギリスの歴史の教科書の一つに『レイシズム、人種差別はどこから来たか』というものがあった。その教科書を開くと、イギリスの地図が載せられており、その地図の上に無数のしゃれこうべが描かれているページがある。そして、その隣のページには次のように書かれている。

「我々の国イギリスは、多くの国を植民地にした。その植民地の被支配、支配された人たち、犠牲になった人たちの血の上に、この国は成り立っている」。

日本もまた同じことを言わなければならないのであるが、ただ、それを学校の歴史教育の中心に置きすぎる、あるいは中心に置くどころではなく、それっきり教えないというのでは、これは歴史を教えたことにはならないだろう。

確かに、戦勝国であるイギリスも敗戦国である日本も、多くはあの植民地時代、植民地をとにかく獲得しなければお互い生きていけなかったような、そのような時代であった。ある国は植民地を持ち、またある国は植民地にされ、そういった関係でみんなが生きてきた。そのことは歴史教育の中で落としてはいけないことである。しかし、それだけを言い募ること、そういう教育をいつまでも続けることはできない。サッチャーは、それでは子どもたちは健全な歴史観が持てない、と考えたのである。

同じように、反戦平和という問題がある。言うまでもなく平和や反戦は大事なことである。しかし、それだけで子どもたちの「教育」を埋め尽くすわけにはいかないであろう。世界の地政学的な構造は刻々と変化する――あっちの国がすごく強い国になったり、こちらの国は弱い国になったり、またそれらが逆になったり。例えば、イギリスとアメリカの関係がそうであると言えるであろう。そういう動いていく世界を教えようというときに、あの六十三年前に終わった戦争のことだけでもって「反戦、反戦」という形で教えるわけにはいかないはずである。

今むしろ一番怖いのは、どこであるかということを考えてみよう。例えば、現在、アメリカとロシアがどれぐらい核弾頭を持っているか。二〇〇八年の『ミリタリーバランス』という公式統計によると、アメリカが持っているとされる核弾頭は四九〇〇発余りであり、ロシアは、四七〇〇発である。いずれも実際には五〇〇〇発以上所持しているといわれている。

中国が持っている核弾頭の数は全く不明であるが、軍事専門家たちによると、三〇〇〇発ぐらいであるらしい。

こういった地政学的な軍事バランスが現実に動いている中で、子どもたちに「それはいけないことだ。だから忘れなさい」という教育だけでは、もう済まされないのではないだろうか。本当に彼らが大人になったとき、直面し、生きていかなければならない現実の世界は、それほど生易しいものではないはずであり、そういったことも、ぜひこれから考えていかなければならない問題であるだろう。

考え方の転換も必要

もう一つの問題がある。共産主義、社会主義という、今になってみれば多くの国がもう放り出してしまった思想についてである。今では、中国をはじめとするごく一部の国がしがみつくだけとなってしまった共産主義であるが、かつてはこの思想が強く世界を支配していた。敗戦国だけではなく、戦勝国においてもである。例えばアメリカにもかつては共産党があった。

「共産」というのは、要するに、個人財産か共同財産かの違いであろう。個人財産を持っていることはいけないことだと、財産はみんなで共有すべきものであって、個人のものであってはならないというのが基本的な特徴としてある。

もう一つの特徴は、計画経済である。自由に競争する、自分の自由な発想で商売をする、といったやり方ではなく、中央が計画を立てて、その計画に基づいて「あなたはいくら生産しなさい」、「あなたは、鉄をいくら生産しなさい」、「あなたは、お米をいくら生産しなさい」と指示を出し、それぞれがそれらをやってくれれば世の中がうまくいくというものである。

一九一七年に誕生したソビエトという国は、実際にそのやり方に従っていたわけであるが、しかし結局それは、一九八〇年代の終わりに行き詰まることになる。当時のソ連共産党のゴルバチョフ大統領は、これはもう行き詰まったと、ここで改革解放をしなければならないという形で踏み切るわけである。

そういったものが多くの国を支配していた時代、それが一九八〇年代であった。我が国においては、まだこの「共産」という文字が党の名前として残っている。その党に所属する人々も、個人財産で生きているわけであり、共同財産という形で生活しているわけではない。時代は変わりつつある。こうした考え方の転換というものについても、子どもたちに教えていかなければならない。こういったことを教えていくのに、人文社会科学はとても重要なものとなるであろう。

哲学、あるいは文学、さらに経済学、政治学、そういったものが大事となるわけであるが、先に述べたように、こうした人文社会科学が次第に現実離れをしていくようになってしまったのも八〇年代の特徴である。

氾濫する情報の中で、正しい感覚を身につける

もう一つ厄介な問題がある。それは芸術とメディアについてである。とにかくこの芸術とメディアの世界では、新しいものを作り、売り出さないことには認められない。テレビのコマーシャルも売れない。何とかして売らんがために、人と違ったことをやらないといけないわけである。その結果、とっぴもないこと、珍妙きてれつなことをする。メディアの珍奇化が進んでいくことになるのである。それらは言うまでもなく、現実の世界では役に立たないものだ。

私は日本中の私立学校の教職員のお金全部を、年金や医療保険の掛け金からすべてを預かっており、その立場上、この世界金融恐慌の真った だ中に置かれている人間の一人であるといえるかもしれない。

ゆえに私は、例えばアメリカの議会がどうしているか、それに反応してニューヨークのマーケットはどうなっているか、フィンランドのマーケットはどうなっているか、アイスランドはどうなっているか、イギリスはどうなっているかなど、それらを知るためにCNNやイギリスの放送など、そういうテレビ番組をよく見ることにしている。

そういった中、たまに日本のチャンネルを付けてみると、夜中など、どうしてこのような変な格

好の人しかいないのかと思うぐらい変な人ばかりが出てくるのを見る。そういったものを見るにつけ、本当にこの国は奇妙きてれつな時代に入ってしまったということを実感させられる。

私はそれらを夜中に見ているが、子どもたちはそれらを昼間の時間に見ているわけである。そして子どもたちは、それらを真似るようになる。だから、自分の髪の毛を茶髪や金髪にしてみたり、ダブダブの脱げそうなズボンを履くようになってみたり、いろんなことをする子どもが増えていくわけである。それが個性の主張だと思い込んでしまう、そういう時代になってしまっている。

そういう子どもたちに、どのような教育をしたらいいのか。

今の子どもたちは苦しい時代を知らない世代である。彼らに何を教えたらよいのか。彼らには、まずお父さんやおじいさんの時代、父祖の時代の努力、先人の残してくれた遺産、そういうものに対する尊敬と感謝の念を教えなければならないであろう。

放っておくだけでは、彼らは感謝の念も持たなければ、尊敬の念も持つことはない。今までの日本の教育で、どこが間違っていたかといえば、そういう気持ちは子どもたちの話し合いの中から生まれてくるとか、子どもたちの中から自動的に生まれてくるものだという考え方であるだろう。確かに福沢諭吉が言ったように、人間には本来持っているものがある。しかし、やはり具体的に教えなければ出てこないものもあるのであり、それを行なうのが教育の仕事なのである。

彼らは、危機を知らず、危機の時代というものを経験していない。彼らに身近な危機を予感する能力を教えなければならない。前述のように私は白川日銀総裁と話を交わす機会があるが、総裁には、一番大事な情報収集能力が欠けていると思わざるをえない。世界中の中央銀行総裁が集まって重要な会議をしている最中に、その会議そのものを認知していない、そういったものが開かれているということの重大さを感じとる力を持っていないということが問題なのである。白川総裁は、シカゴ大学のPh.Dである。確かにシカゴ大学の教えた金融についての経済学は立派に学んだかもしれないが、現実の経済、現実の銀行、現実の証券会社が、どのように動いているか、そしてそれらは現実の中から読み取っていくものだということを教わってないように感じる。

そして子どもたちには、例えば、とっぴな格好、珍妙きてれつな格好がなぜ珍妙きてれつなのかということを教えなければならない。それにはどうしたらよいのか。それは「古今東西、昔から着るものは、こういうふうに変遷してきた。人の食べるものは、こう変遷してきた。あるいは、世界には二〇〇からの国があって、約六〇〇〇の民族、言葉の数も六〇〇〇ぐらいある。そういう人たちの宗教は、どんなふうに変わってきているのか、あるいは、その考え方は、どう変わってきているのか、衣装は、どういう衣装を着ているのか」、そういったことなどを出来るだけ広く教えてやることによって、彼らの中に正常とは何であるか、何が異常であるかというものの感覚が初めて生まれてくるのではないだろうか。

サッチャーの提唱した「ナショナルカリキュラム」

二〇世紀の後半から二十一世紀の初めにかけて幾つかの大きな教育改革が起こった（資料1）。サッチャーの改革、レーガンの改革、ミッテランの改革、そして日本の中曽根臨教審などである。まず、サッチャーの教育改革と日本との対比について触れていこう。

イギリスも日本も、地方教育委員会というものをつくっている。日本では地方教育委員会、イギリスでは地方行政当局である。そして両国とも同じように教職員組合との関係で悩むことになる。そして、前述したような国家批判歴史教育が、イギリスでも起こる。

もう一つ特徴的なのは、イギリスも日本も、子ども中心主義がはびこったことである。日本では、それが「話し合い学習」になり、そして「総合学習」というものが導入される。それとそっくりなのがイギリスの「トピック学習」である。自分の好きなトピックを勉強しなさいというものである。これは、学校でやるべきことなのか、それとも別のところ、例えば自宅などでやるべきことなのか。

このサッチャーの改革で大事なところだけを拾っていこう。サッチャーは「ナショナルカリキュラム」というものをつくるのであるが、この中で、学校での礼拝、これの復活を唱えていく。

実際、イギリスの学校では、礼拝が行われている。イギリスの宗教は、昔は「アングリカンチャーチ」、日本語でいうところの「イギリス国教会」である。今のイギリスにはいろいろな人がおり、

資料1　20世紀後半から21世紀初めにかけての教育改革の潮流

1980～1988年	サッチャーの教育改革　「1988年教育法」
1983年	レーガン：A Nation at Risk
1985年	ミッテラン：教育基本法（ジョスパン法）
1985～1987年	中曽根：臨時教育審議会答申
1991年	クレソン：「経済再建のための教育改革」
2003～2006年	ブレア：教育費全額国家負担　RESPECT政策
2006年	ブッシュ：「アメリカ競争力イニシアティブ」

国教会以外のキリスト教の人も多い。プロテスタントあり、カトリックあり、ローマン・カトリック、そしてそのほかにイスラム教徒もいる。そういう人たちが一緒にいる公立学校で、礼拝を一緒に行うわけである。

ある人は自分の神に向かって祈り、イスラムの人はイスラムの神に向かって祈る。モーメント・オブ・サイレンス——黙とうの時間、それぞれが礼拝をするのである。仮にそこに宗教を持たない人がいたとしても、おそらくこの黙とうには参加することであろう。

礼拝以外にも大事なことがある。それは世界の主要な宗教を学ぶことである。キリスト教自体にもさまざまな宗派があり、そしてこの世界には、キリスト教だけではなく、仏教やイスラム教、ユダヤ教などさまざまな宗教がある。そういったことについて一通りの知識を持つことが大事だというのがサッチャーの考え方であった。現在、イギリスでは、そういう科目が導入されている。

例えば、「人は死んだらどこに行くのか？」これは多くの人々にとって深刻な問題であろう。この答えを、それぞれの宗教は持っている。

一番分かりやすいのは仏教であろう。お釈迦様は、弟子から質問を受ける。「死んだら私たちはどうなるんでしょうか」。それに対する釈迦の答えは、「死後は無である」というものであった。しかし、今の仏教では、現世で戒律を守り、徳を積めば、仏様のいる世界、それは場合によっては「極楽」と呼んでみたり、「天国」と呼んでみたりするが、そういう世界があるというように教えている。逆に、戒律を守らない者、悪いことをした者などは、地獄に落ちると教える。私は、どちらかというと死後の世界は無であるという考えよりは、やっぱり現世にいる間に少しでも来世のことを考えて生きていこうという考えに近い。

ユダヤ教の原典では、やはり死後の世界は無である。ユダヤ教から派生したキリスト教も、そして、同じ神をあがめているイスラム教も、最初は死後の世界は無であるという考え方に近かったのではないか。しかし、今は違うであろう。イスラム教などは、もう典型的である。来世を信じるからこそ、あのような自爆テロができるわけである。体に爆弾を巻きつけて飛び込むのは、来世が保証されているからである。

宗教の考え方は、そういうように変わってきている、その変化を理解しながら信仰の世界に入らなければならない、といったことなどを、イギリスの子どもたちは学んでいる。

サッチャーはそのほかに、国語を一番大事にしようとした。コア科目の英語というのがそうである。それから歴史と地理。これらは、サッチャーが特に力点を置いたところである。自分の国を背負って立つ人たちにとっては、歴史と地理というのは絶対に必要なものなのである。

人間成長の基本は家族である、伝統的価値を重視せよ、ビクトリア時代の価値観（ビクトリアン・バーチュー）をもう一度取り戻そう、サッチャーは、このように述べている。そして、この「ビクトリアン・バーチュー」とは、宗教、礼節、勤勉、努力、競争、勇気、であると彼女は言う。これは今の日本にとっても必要なことではないだろうか。

わが国における教育制度の誕生

それでは、日本の教育改革を歴史的に見ていくことにしよう（資料2）。文部省もない、そもそも教育制度がほとんどない、そういう時代であった明治五年に、「学制」というものが敷かれる。日本全体は八つの学区に分けられ、それを「八大学区」と言った。その八大学区の一つ一つに大学が一校ずつ置かれたのである。

現在、大学というと、「ユニバーシティー」とか、「カレッジ」の日本語訳であるところの「大学」のことになるが、そうではなく、当時の大学は、それぞれ八つの大学区の中心になるものであった。その一大学区ごとに約百いくつかの中学区が置かれ、日本全体が三〇〇ほどの中学区に分かれた。

それは俗に三〇〇大名というが、昔、江戸時代には二九四人の大名がおり、さらに天領、幕府の直轄地等々を加えると、約三〇〇の領地に分かれていた。廃藩置県になったとき、瞬く間にその一つ一つの藩が県になった。その数カ月後、これでは少し狭すぎるという理由で、その幾つかがまとめられ、およそ六〇ぐらいの県に分かれる。それがさらに統合されていき、現在の四七都道府県になる。その一番原型の廃藩置県のときの三〇〇の県が学区となるのである。

そして、その学区の中に小学区をまた設けて、小学校を置く。それは大体子どもたちが歩いて通える範囲である。その結果、明治六年に小学校が日本全体で一万二〇〇〇校ほどできあがる。現在日本には、二万四〇〇〇校の小学校があるが、そのうちの約一万二〇〇〇校があったのである。寺子屋など、そういった施設も学校にさせてもらったという経緯があり、その一万二〇〇〇校の小学校のうち、最初は半分ほどが私立小学校であった。明治八年には、現在とほぼ同じ二万四〇〇〇校になった。

このように始まったのであるが、明治二十五年になっても子どもたちの就学率は五五%というものであった。子どもたちは全体の半分しか学校へ行かない。残りの子どもたちは、子守りをしたり、家の手伝いや商売をしたり、あるいは、遊んでいたりしていたわけである。

私はよくアジア各国の田舎を歩いたりするが、今、タイの山の中に行っても、またカンボジアの山の中に行っても、子どもたちはみんな当たり前のように学校へ行っている。しかし、一九七〇年ごろ、オイルショックの少し前ぐらいにタイの山の中へ行ったら、子どもたちは、この時と同じように、学校に行っていないという状況があった。

このタイではどのようにしていたか。警官が来て、学校へ行きなさいといって、子どもを学校へ

資料2　日本の教育改革

（1）戦前の教育制度の変遷
- 明治5年学制（8大学区・約300中学区・約20000小学区）
- 明治33年　市町村立小学校費国費補助法
  就学率55%（明25）→81.5%（明33）→95.6%（明38）
- 昭和3年　政友会と立憲民政党の教育政策
  地方分権か国庫全額負担か
- 昭和15年　義務教育費国庫負担法
- 昭和16年　開戦　　昭和20年　敗戦

（2）戦後の教育改革
- 昭和22年　教育基本法制定
- 昭和24年　新制度（6・3制義務教育　教育委員会　検定教科書）
- 昭和28年　義務教育費国庫負担法復活
  中央教育審議会第一回答申（義務教育制継続）
- 高度成長期（学習指導要領制定　教員組合運動激化　人材確保法）
- 昭和46年　四六答申
- 昭和62年　臨教審答申
- 昭和62年　大学審議会発足
- 平成12年12月　中教審・大学審終了
- 平成13年1月　新中教審発足
- 平成16年から17年　三位一体改革
- 平成18年12月　教育基本法改正

連れて行くのである。そのようにしていきながら就学率を上げる努力を払っていた国もあった。

それでは日本ではどうしていたのか。日本では明治三十三年に、市町村立小学校教育費国庫補助法というものができて、国庫補助が行われるようになる。

それまでは、学校の授業料は受益者負担であった。それが国の補助が出るようになったのである。そうしたら、どうなったであろうか。明治三十三年は、八一・五%まで就学率が上がり、そして明治三十八年には九五%にまで達することになる。いかに義務教育費の国庫補助というものが大事か、まさにこのとき日本人が経験するのである。そして、この時以来、この国庫補助制度は維持されることになる。

地方分権と教育――小泉又次郎が主張したこと

昭和三年になると選挙法が変わることになる。それまでは、多額納税者だけに選挙権があったのだが、昭和三年、つまり世界大恐慌の前の年、日本は普通選挙に踏み切る。普通選挙というのは、税金をいくら納めている人でも納めていない人でも、みんな選挙権があるというものである（ただし、このころはまだ女性には選挙権は与えられていなかった）。

その第一回の普通選挙のとき、政友会と立憲民政党が争った。犬養毅に代表される政友会は、何でも地方分権にすればうまくいくと主張していた――このあいだの小泉さんのときの騒ぎとそっくりである。選挙用のポスターもつくられ日本中に配られたが、それは「もし地方分権にしないと、みんなやせ細っちゃうよ」という内容のものであった。

それに対して、立憲民政党の意見は異なるものであった。地方分権は大事だけれども、教育費は地方分権にするわけにはいかない、というものである。税金を地方の村や町が自分の好きなだけ取って、それを自分の村や町の学校で使う、そのようなことをしていたら、教育制度は崩壊してしまう、豊かな村や町ではいい教育ができるかもしれないが、貧しい村や町ではそれができないのではないか、というのが立憲民政党の考え方であった。この立憲民政党の幹事長、そのときの幹事長が小泉又次郎で、小泉元総理のおじいさんである。

総理官邸に行ったとき、私は小泉元総理に次のように述べた。

「小泉さん、あなたは間違っている。あなたのおじいさんが言ったことのほうが正しいんだよ」。

小泉元総理は三位一体の改革と称して、それで指を三本出して、三兆円分だけ文部科学省の予算を削り、全てを地方が自分でやれるようにしろとした。結局、彼が提案したのと、私たち教育界の人間が激論を交わした結果――文部科学省がまず間に入ったわけだが――、その間を取って、それまでは国庫負担金が半分だったのを三分の一に減らすことになった。つまり、三分の一だけは今でも国庫負担が残っている。

その結果、どういうことが起こったのか。所得税を安くするということであったが、私は実感として、ちっとも安くなったとは思っていない。そしてその安くした分だけ、地方税を増やせよ、ということである。大阪で言えば、大阪府民税、それから大阪市民税、合わせて、おそらく今まで五%を払っていた。その五%を一〇%にするというのが、あの三位一体の改革なのである。小渕元総理がやっておいてくれた定率減税という制度を突然やめ、その分、税額が増えることになったのも同様である。

その小泉又次郎が主張した義務教育費国庫負担は、戦争が始まる前年の昭和十五年、あらためて義務教育費国庫負担法になる。そして昭和二十年に戦争が終わり、昭和二十二年に教育基本法が制定されて、新しい教育制度になる。

昭和二十八年に義務教育費国庫負担法が復活。そして小泉元総理が平成十六年から十七年にかけて三位一体改革を手がけるということになる。このような時代の変遷を経てきているのである。

このあと一体どのようになっていったか。小泉三位一体の改革の結果、日本中の公立小中学校の、例えば図書館の図書費などが激減していったのである。秋田県の場合、一校当たりの図書費の平均は何と約二〇万円だという。学校図書館が一年間に二〇万円しか使えないで、いったい何を買えるというのか。子どもたちに最低限必要な百科事典と辞書を買ったら、もうそれで終わりである。あとは何も買えない。果たしてそれで学校と言えるのか。似たようなことを大阪の橋下知事も考えざるを得ないところに来てしまっているわけであろう。そのほかに私立学校の問題もあるが、戦後、そういった問題を私たちは抱えているのである。

私学に対する助成の問題――憲法八九条の壁

私立学校の問題について、一点だけ述べておきたい。日本の憲法は、昭和二十一年から二十二年にかけてGHQが原案をつくったものである。アメリカの憲法は第一条から第七条までしかない。その第一条には、これとこれとこれは議会が決める、議会以外のところで決めてはいけない、大統領にも権限はない、ということなどが書かれている。

そして、その前文は、子どもでも暗唱できる短い文章となっている。その中には、「我らアメリカの国民は連邦の統一、正義の樹立、国家の平穏（トランキュリティー）。そして共同の防衛、社会保障、自由。この三つのために、この憲法を制定する」と書かれている。誰にでも、この三つは暗記できるだろう。日本のあの長い憲法の前文を暗記しようとしてもすぐには無理である。

その長い長い憲法前文を含めて、GHQが提示してきた草案を日本語に翻訳したものが憲法である。日本の憲法は一〇三条からなっているが、最初は九八条からなっていた。それを翻訳しているうちに、一〇三条に伸びてしまったという経緯がある。

多すぎる、長すぎる憲法になっていると言えるだろう。その中の憲法八九条に、六三年間私たちが抱え込み直せないでいる条項がある。「公金」、すなわち我々の税金のことについて、次のように書かれている。

「公金を公の支配に属さない学校と宗教と博愛に使ってはならない」。

「宗教」については、彼らが当時目の敵にしていた軍国主義の大もとは神道だという考え方から、宗教に公金を使ってはならないというのは理解できなくはない。しかし、「公の支配に属さない」

私立学校に公金を使ってはならないというのは、どうしても理解できない。まして「博愛」に使ってはならないというのは、どういうことなのか。

そこで、八九条を乗り越えるべき運動が起こった。昭和二十年に戦争が終わり、二十二年に新しい教育基本法ができた直後、日本私立学校総連合会というものができたのである。そこに、私立の大学から私立の幼稚園までの代表者が結集する。

そして、そこから分かれて私立大学連盟とか、私立大学協会とか、あるいは、私立幼稚園協会とか、いろいろなものができていく。現在、私が理事長を務めている私学事業団も、そうである。

それでも、憲法八九条の壁は破ることはできなかった。それではどうしたか。昭和五十年に珍しく議員立法で自民党から共産党までのすべての国会議員が一人の反対もなしで、議員立法で私立学校振興助成法という法律ができることになったのである。そして、私立学校の経常費の二分の一までは、国の金を使って補助してよいということが決まる。現在、私立学校は、それに基づいて国から補助金を出してもらっている。

日本の私立大学の場合で述べれば、現在、私立大学全体で約一年間に経常費が三兆円かかる。それでは、一体その昭和五十年の私学振興助成法に基づいて出されているお金はいくらぐらいになるのだろうか。それは三三〇〇億円、つまり十一％である。これはもう二分の一助成どころではない。実に十一％しか補助金は来ていないのである。そして二〇〇六年、その助成を毎年一％ずつ減らしていくということを小泉総理と竹中平蔵が骨太方針というもので決定し、辞めていくことになる。結局、この二人は代議士も辞めることになった。あと三年間、彼らが辞めた後も、まださらに一%ずつ減っていくのだ。私立学校はますます苦しくなる。そういう状況に置かれているのが現状である。

道徳教育の問題――グローバル化という波の中で

私は、去年（二〇〇七年）、中央教育審議会の会長を引くことになった。「七〇歳をだいぶお過ぎになっています。内閣の規定による定年を超えておりますのでお辞めください」というわけである。それで辞めてみると、次の中教審の会長は、私よりも年上の人が就任した。何だかよく分からない話であるが、それは別にかまわない。ただ、その山崎新会長が、道徳教育の導入に反対であるかのような発言をされた。これは非常に問題であると思う。

そうなのではなく、子どもたちには――最初の大久保公の話ではないが――、やはり教えてあげなければならないことがたくさんあるのである。それを教えるためにも、どうしても私たちは「徳育」というものを大事にしなければならないと思う。

実際、文部科学省は、あらためて私を会長にして、徳育懇談会というものをつくった。現時点で、この徳育懇談会を二回行なっている。そこで、四〇代、五〇代の戦後生まれの人たち、道徳教育というものが何か全く経験のない学者たち、徳育など何にもない中で育った人たちが、心理学とか、医学とか、精神科の医師とか、そういう人たちが自分の専門分野の知識で「徳育」を語っていく。これらをどうやってまとめていこうか、そういったことなどを今考えている最中である。

最近、明治大学、慶應義塾大学、そして早稲田大学のラグビー部の主将たちが集まり、みなで話し合う機会があった。この三つの学校が誇りにしていることがあると言う。それは、ボールを持ってゴールするとき、絶対にガッツポーズをしない、ということだそうである。

ガッツポーズをする代わりに、そのボールを渡してくれた選手の肩をポンとたたいて「ありがとう」とやる。それが彼らのガッツポーズなのだ。それがラグビーの、言わば流儀なのであり、お作法なのだそうである。こういう話を子どもたちに語って聞かせてあげることのほうが、よっぽど大事な道徳教育となるのではないだろうか。

私は日本学生剣道連盟の会長を務め、同時に日本全体の剣道連盟の監事もしている。毎回、世界剣道連盟に代表を送っているが、グラスゴーで行われた世界大会のときには、エリザベス女王も観戦に訪れた。先の台湾大会では、アメリカが優勝して、日本は三位に甘んじた。剣道の世界も、いよいよそういう時代となっている。

さてそこで、何が起こり始めているか。柔道のときと同じように「オリンピックに入りたい」と言い出し始めたのである。しかし私はこれに反対している。入ったら最後、こっちの選手は青いシャツ、あっちの選手は白いシャツ、とルールをどんどん変更する、そして試合に勝った選手はガッツポーズ――そうなるに決まっているだろう。この間のフランス大会のときにも、実際、ガッツポーズをした選手がいる。その瞬間、イギリス人の審判は、その選手に対して負けを言い渡した。それが、日本がずっと守ってきた剣道のルールであり、作法なのである。しかしそれが国際化、グローバル化という波の中に置かれると何かおかしなものになってしまうのである。

日本の道徳教育の問題は、こうしたグローバル化の波との闘いでもあるだろう。これからどういうふうになっていくかは分からないが、そういったことを考えながら、日本の教育改革をやっていきたいと思っている。

第二章　中央教育行政の視点と課題

合田隆史

一　教育改革の流れ

学校教育の新しい次元について考えるために、まず我々がたどった経路、教育改革の大きな流れのあらましを概観するところから始めていきたい（資料1）。

我が国では、江戸時代には既に、各藩に藩校があり、また寺子屋や私塾が非常に発達していた。これらの普及率や、一般の人々の識字率は、当時の欧米先進諸国にも比肩しうる、最も高い水準にあったといわれている。これが、日本の近代化が成功した大きな背景にある。つまり教育立国ということを可能にした江戸時代の準備の時期があったということである。

その後、学制が頒布され、八大学区、三〇〇中学校区など学校教育体制が整備されていった。明治八年にはすでに小学校二万四〇〇〇校ができている。現在でも小学校の数は二万四〇〇〇校を少し下回るぐらいであるから、明治初年にはほとんど現在と同じ程度の学校が作られていたことになる。

これらは、それぞれ地域の人々の努力によって作りあげられていったものである。あらためて当時の人たちの見識と熱意に敬服させられる。自分の子どものためだけでなく、地域の子どもたちみんなのために、力を合わせて学校をつくってきたというのが、日本の我々の先輩の誇るべき歴史である。

さらに、森有礼文部大臣の小学校令制定などさまざまな改革が積み重ねられていった。その道程は平坦なものではなかったが、曲折を経て、昭和二十二年に戦後の学制改革が行われ、教育基本法や学校教育法などが制定される。その後も、時代の変化に対応した改革が行われてきたが、平成十八年に、制定後初めて、教育基本法の全面改正が行われた。この改正教育基本法に基づき、平成二十（二〇〇八）年からは教育振興基本計画がスタートしている。

その戦後の部分を拡大すると（資料2）、戦後教育改革があり、それに対して日本の実情を踏まえた再改革があり、さらに、経済成長を背景に第三の教育改革といわれる昭和四十六（一九七一）年の中央教育審議会答申（「今後における学校教育の総合的な拡充整備のための基本的施策について」）が取りまとめ

資料１　教育改革の流れ

（江戸期：藩校、寺子屋、私塾）
・明治５年　学制頒布
　　明治８年　小学校２万４千校
　　明治12年　教育令／明治19年　小学校令等
　　明治44年　義務教育就学率98%
　　大正６年　臨時教育会議
　　昭和４年　小学校での入試準備教育禁止等
　　昭和12年　教育審議会
・昭和22年　教育基本法、学校教育法
　　昭和31年　地方教育行政法／昭和33年　学習指導要領
・平成18年　教育基本法改正
　　平成19年　学校教育法等改正
　　教育振興基本計画（平成20年～24年度）

資料2　戦後の初等中等教育改革

・戦後教育改革
　・教育基本法、学校教育法（1947）
　　・6－3－3制、教育委員会制度
　　・学習指導要領試案
・再改革（1952講和条約、55保守合同）
　・地教行法（1956）、学習指導要領告示（1958）
・中教審46答申
　　（61所得倍増計画、62全国総合開発計画）
・臨時教育審議会（1984～87）
・教育改革国民会議（2000）
　　（2001～06　小泉構造改革）
・教育基本法改正（2006）
　・教育３法改正（07）、教育振興基本計画（08～12）

資料3　教育基本法の改正まで

・平成12年12月	教育改革国民会議報告
・平成15年３月	中央教育審議会答申
・平成18年４月	改正法案国会提出
12月	成立、交付・施行

られた。その実現には機が熟していなかった面もあったが、広い意味でその延長上に昭和五十九（一九八四）年から三年間にわたる臨時教育審議会（この時も「第三の教育改革」といわれた。昭和六十二（一九八七）年「個性尊重、生涯学習、変化への対応」について最終答申）、平成十二（二〇〇〇）年の教育改革国民会議報告（教育基本法改正等一七項目を提言）があり、さらに小泉構造改革期（規制緩和、地方分権、国立大学法人化など）を経て、平成十八（二〇〇六）年の教育基本法改正に至っている。

その教育基本法の改正を受けて、さらに教育三法（後述）の改正、教育振興基本計画の策定、学習指導要領の改訂が行われる一方で、これらを支える教育投資の充実が課題となっている。

教育基本法の改正――その意義

さて、この教育基本法の改正は、平成十二年の教育改革国民会議の報告で提案されて以来、中央教育審議会等での六年越しの検討を経て、国会でも大変白熱した議論が行われた上で成立したものである（資料３）。

資料4　教育基本法の概要

第1章　教育の目的・理念
（1）教育の目的・理念を明示
①教育の目的：「人格の完成」、「国家・社会の形成者として心身ともに健康な国民の育成」
②教育の目標：この教育の目的を実現するために今日重要と考えられる事柄
・幅広い知識と教養、豊かな情操と道徳心、健やかな身体
・能力の伸長、自主・自律の精神、職業との関連を重視
・正義と責任、自他の敬愛と協力、男女の平等、公共の精神
・生命や自然の尊重、環境の保全
・伝統と文化の尊重、我が国と郷土を愛し、他国を尊重、国際社会の平和と発展に寄与など
（2）「生涯学習の理念」「教育の機会均等」を規定

第2章　教育の実施に関する基本
　教育を実施する際に基本となる事項として、これまでの教育基本法にも定められていた、「義務教育」、「学校教育」、「教員」、「社会教育」、「政治教育」、「宗教教育」に関する規定を見直すとともに、新たに「大学」、「私立学校」、「家庭教育」、「幼児期の教育」、「学校、家庭及び地域住民等の相互の連携協力」について規定

第3章　教育行政
　教育行政における国と地方公共団体の役割分担、教育振興基本計画の策定等について規定

第4章　法令の制定
　この法律の諸条項を実施するための必要な法令の制定について規定

その内容は、周知のように二つの目的、五つの目標、二つの理念などを柱に書きこまれている（資料4）。ここでは教育基本法に関して、二点だけ補足しておきたい。

まずその一つは、今までの教育基本法には何か欠陥があったのか、ということである。教育基本法の改正が提案された考え方は、「従来の基本法の内容は世界に通用する立派なものであるが、さらに、日本固有の伝統、あるいは社会規範などを再認識し、かつ従来規定がなかった大学教育や私立学校、あるいは家庭教育などについて補い、新しい理念のもとで法令等の再点検をして、これまでの理念を引き継ぎつつ、国民共通理解で取り組んでいく」、というものであった。したがって、今回の改正は、これまでの教育基本法を廃止して新しい教育基本法をつくるということなのではなく、また、その一部を改正するということでもなくて、全部を改正するという方法で行われたものであった。

もう一つは、教育基本法を改正することによって、教育上のいろいろな課題、子どもたちが抱えている問題が解決するのか、ということである。

確かに基本法の改正は、具体的に何かを直接変えるわけではない。その基本法の改正を踏まえて、新しい統一的な理念のもとに関係者が力を合わせて実践に取り組むことが必要である。基本法の改正を受けた国の対応として、法令改正や予算措置など具体的施策を講じていくことが必要であり（資料5）、そしてさらにその先には、地方公共団体、学校や保護者、地域住民などを含む一人ひとりの

資料5　改正教育基本法後の対応

1. 法律改正
　・学校教育法
　・地方教育行政法
　・教育職員免許法
2. 学習指導要領の改訂
3. 教育振興基本計画の策定
4. 財政措置

取り組みがあることは言うまでもない。
そこで、まず、いわゆる教育三法の改正についての概略を述べておこう。

教育三法の改正

まず第一に、学校教育法改正の主な内容は、三点に整理することができる。第一点は、各学校種の目的、目標の設定である。教育基本法の改正に沿って、幼稚園から大学まで、それぞれの学校の目的、目標が再整理された。ここで重要なことは、改正教育基本法の考え方に沿って、「義務教育の目標」という考え方の整理がなされたということである。

従来の学校教育法は、各学校の目的・目標と、「就学義務」について規定しているだけで、義務教育というものがそれ自体目標を持ち、子どもたちに具体的にどういう力をつけさせるかという考え方に立っていなかった。今回の改正では、義務教育という章を立てて、義務教育の目標というものを定め、小学校はその基礎的な部分、中学校はその目標の完成を目指すという組み立てにしたということである。

第二点は、学校教育において、単なる知識技能ということではなく、いわゆる「生きる力」というべきものの育成を目指すということを、法律上明確にしたということである。第三点は、副校長、主幹教諭、指導教諭という職を法律上位置づけ、また学校評価についての規定を設けるなど、学校経営の改善に関する規定が盛り込まれたことである。

地方教育行政法の改正内容は、教育委員会の改革に関するものである。教育委員会の活性化は、今日改めて極めて重要な課題となっている。今回の改正の内容は多岐にわたるが、特に重要な点は、教育委員会、特に合議制の教育委員会そのものと執行の責任を負う教育長の責任と権限の明確化が図られたことである。また、小規模市町村における教育行政単位の広域化を図る方向性が明確にされている。

第三点は、教育職員免許法等の一部改正である。まず免許法の改正によって、いわゆる教員免許の更新制の導入を中心に、教員養成課程の改善など、教員の資質向上のための制度改善が図られた。さらに、教育公務員特例法の改正によって、いわゆる「指導が不適切な教員」への対応の仕組みが整備された。

教員免許更新制は、現場の先生方にとっては大変厳しい側面がある。教員が研修するということ自体は当然必要なことであるが、そのための講習を受ける機会の確保や費用について適切に手当てされるのか、さらに本当に更新講習の内容が充実したものになるのか、あるいは修了認定が厳格、公平に行われるのかといった、さまざまな議論が行われている。

たしかに、この制度の趣旨を十分に達成していく上で、課題は多くある。しかし、問題の核心は「教員に対する国民の信頼が揺らいでいるという状況をどう改善するか」という点にあるということを再確認することが必要ではないだろうか。これは、教員はもとより、教育行政を含めた広い意味での教育関係者が、自分の問題として取り組む必要がある問題である。この制度は、教育関係者がみんなで育てていく、ということを前提に考えていく必要があるのではないだろうか。

教育公務員特例法の「指導が不適切な教員」に関する仕組みについても、同じことが言える。今、教育に関して一番必要なことは、と問われれば、指導が不適切な教員を子どもたちの前に立たせないことだ、と答える人は多い。しかし、実際にそれを適切に運用していくのは容易ではない。これについても、やはり教育関係者自らが自分の問題として、厳しい姿勢で取り組んでいくしか、最終的には手立てはない課題であるだろう。

教育振興基本計画の策定

さて、以上のように、特に初等中等教育を中心に、教育基本法改正を踏まえた法律改正が行われ、その新しくなった法律的な枠組みの下で、教育振興基本計画が、中央教育審議会における議論を経て、平成二十年七月一日に閣議決定された（資料6）。

計画は、我が国の教育を巡る現状と課題、今後一〇年間を見通して教育がめざすべき姿、それを踏まえて今後五年間に取り組むべき施策を整理し、そして、そのために必要な事項、教育予算の確保を含む条件整備について記述する、という構成をとっている。

さらに、各地方公共団体においても、国の計画を参酌してそれぞれの「基本的な計画」をつくるよう努める（教育基本法第一七条）、という組立てになっている。

教育振興基本計画の詳しい内容は、インターネットを利用されている方であれば、文部科学省のホームページ[*1]からも見ることができるようになっているので、ぜひ一度目を通しておいていただきたい。ここでは、計画の内容を個別具体的に紹介するというよりも、もう少し広い意味で、むしろ計画には書かれていないことを中心に紹介していくことにしよう。

資料6　教育振興基本計画について

教育振興基本計画とは

○教育基本法第17条（平成18年12月法律第120号）に基づいて、政府として初めて策定するもの
○改正教育基本法の理念を具体的に実現するため、10年先を見据えた5年間（平成20年度から平成24年度）の計画として策定
○改めて「教育立国」を宣言し、我が国の未来を切り拓く教育の振興に社会全体で取り組んでいくことを目指す

今後10年間を通じて目指すべき教育の姿

○義務教育終了までに、全ての子どもに、自立して社会で生きていく基礎を育てる
○社会を支え、発展させるとともに、国際社会をリードする人材を育てる

↓

上記のような教育の姿の実現を目指し、OECD諸国など諸外国における公財政支出など教育投資の状況を参考の一つとしつつ、必要な予算について財源を措置し、教育投資を確保していくことが必要

今後5年間で実現を目指す主な目標（例）

○確かな学力を身に付けた子どもを育成
→世界トップの学力水準を目指し、国際的な学力調査等において、学力の高い層の割合を増やすとともに、学力の低い層の底上げを図り、その割合減少させる
○規範意識、生命の尊重、他者への思いやりなどを培うとともに、法やルールを遵守し、適切に行動できる人間を育成
→「学校のきまりを守っている」「学校生活が充実している」「落ちついて授業を受けることができる」と感じている子どもを増やす
○生涯にわたって積極的にスポーツに親しむ習慣や意欲、能力を育成
→子どもの体力の低下に歯止めをかけ、昭和60年頃の体力水準への回復を目指す
○「知」の創造、継承、発展に貢献できる人材を育成
→国際的な競争力・存在感を備える教育研究拠点を各分野において形成

今後５年間に取り組むべき主な施策

○地域ぐるみでの学校支援
→「学校支援地域本部」をはじめ、地域住民のボランティア活動等による積極的な学校支援の取り組みを促す

○新学習指導要領の円滑な実施
→教職員定数の在り方など教育を支える条件整備について検討

○道徳教育の充実
→道徳教材の国庫補助制度等の有効な方策を検討

○子どもの体力の向上
→全国体力・運動能力等調査の実施と体力向上の取り組みの推進

○教員が子ども一人ひとりに向き合う環境づくり
→教職員配置の適正化や、外部人材の積極的な活用

○幼児教育の無償化の検討
→幼児教育無償化の歳入改革に合わせた総合的検討

○卓越した教育研究拠点の形成と大学等の教育の質保証
→平成23年度までに、世界最高水準の研究拠点150程度を重点的に支援。学生が身に付ける学習成果の達成に向けた取り組みを支援

○留学生交流の推進
→2020年の実現を目途とした「留学生30万人計画」を推進

○耐震化の推進
→大規模な地震が発生した際に倒壊または崩壊の危険性の高い小・中学校等施設（約１万棟）について、優先的に耐震化を支援

施策の総合的かつ計画的な推進のために必要な事項

○計画実施における国・地方公共団体の役割
○教育に対する財政措置とその重点的・効率的な運用
○教育行政に対する国民の参画

二　これからの一〇年を見通す

OECDレポートの示す九つの「トレンド」

基本計画においては、一〇年後をにらんで、今後五年間の計画を示すということであるが、それでは一〇年後は一体どのような世の中になっているのだろうか。これについては、基本計画の中には、ごく抽象的にしか触れられていないが、一〇年後の世界と教育というテーマについては、OECDが『トレンズ・シェーピング・エデュケーション』という冊子を公表している。その中では、九つの大きなトレンドが示されている（資料7。資料8から資料13の図表は、同書からの引用である。これらのデータは、OECDのホームページで見ることができる）[*2]。

①OECD社会の高齢化

まず第一のトレンドは、高齢化である。高齢化といっても、少子化、長寿化、そして年齢構成の変化という、三つの要素がある。

一九六〇年と一九八〇年と二〇〇三年の出生率の変化を国ごとに並べてみると（資料8）、トルコは、このOECDのレポートに参加している国の中では最も出生率が高い国であるが、それでも一

資料７　教育をめぐるトレンド

10年後の世界と教育
不確実性回避から自立へ、そして共生へ

1. Ageing OECD Societies
2. Global Challenges
3. Towards a New Economic Landscape
4. The Changing World of Work and Jobs
5. The Learning Society
6. ICT: The Next Generation
7. Citizenship and the State
8. Social Connections and Values
9. Sustainable Affluence?

OECD Trends Shaping Education, 2008 ed.

九六〇年、一九八〇年、二〇〇三年とそれぞれの出生率を見ていくと、それが急速に落ちているという状況を見ることができる。これは、ほぼ各国共通の現象である。

もっとも、子細に見ていくと、アメリカ合衆国では最近若干出生率が伸びているのが見て取れる。また、ノルウェー、デンマーク、フィンランド、オランダ、スウェーデンなどでも、若干ではあるが出生率が回復しているのがわかる。しかしそれでも、かつての水準には遠く及ばない。

日本は低い方から数えて七番目であり、国際比較でみても出生率が最も低い水準になっている。しかし、例えば韓国ではほとんど六分の一ぐらいに減っており、こういったところに比べれば、少し楽観的に考えることもできるかもしれない。

次に、女性が最初の子どもを産む年齢であるが、これは逆に一九七〇年、一九九五年、二〇〇四年と比べていくと、各国とも女性が最初に子どもを産む年齢が上がってきてい

資料８　出生率の低下

Fig.1.1 Birth rates well down on the 1960s
Total fertility rates: children per woman aged 15-49, 1960, 1980 and 2003
OECD (2006), Health at a Glance.

資料９　母親になる年齢が上昇

Fig. 1.2 Starting Parenthood Later
Average age when mothers have their first child in a number of OECD countries
OECD (2006), Society at a Glance.
General Context Indicators (GE) Indicateurs de contexte

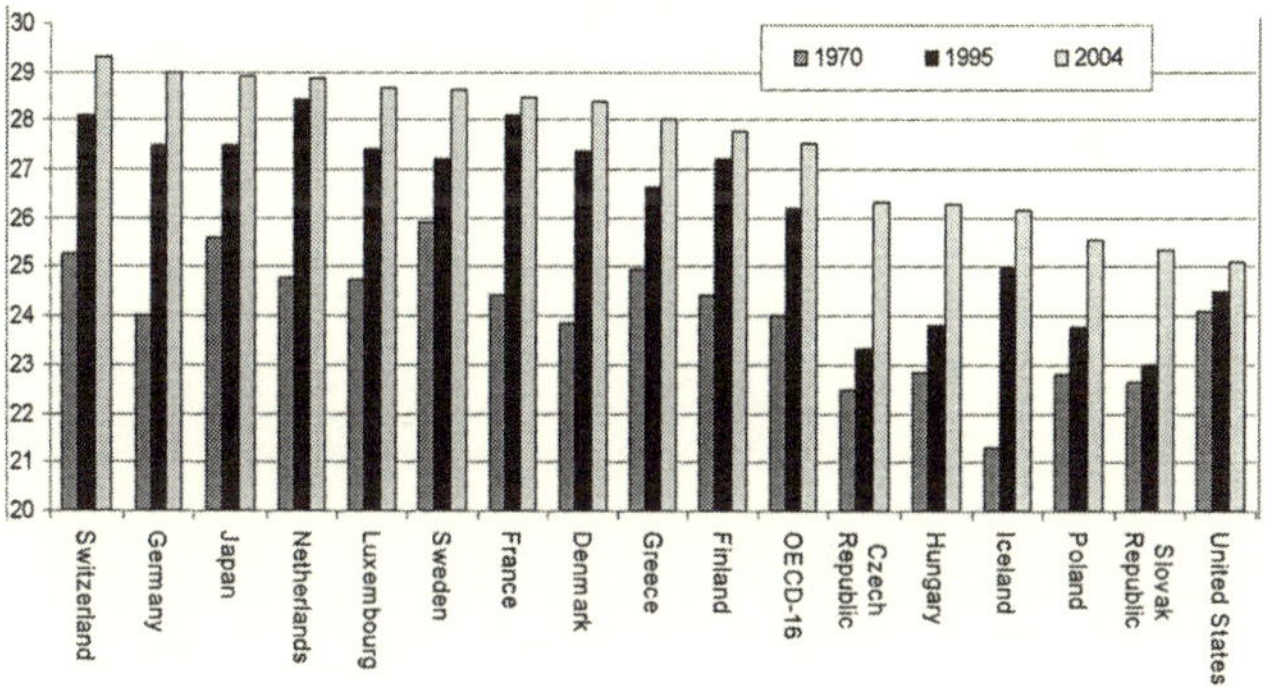

資料10　人々は長生きする

Fig. 1.3 People live longer
Year of life expectancy at birth (average for both sexes)
OECD (2003), The World Economy.

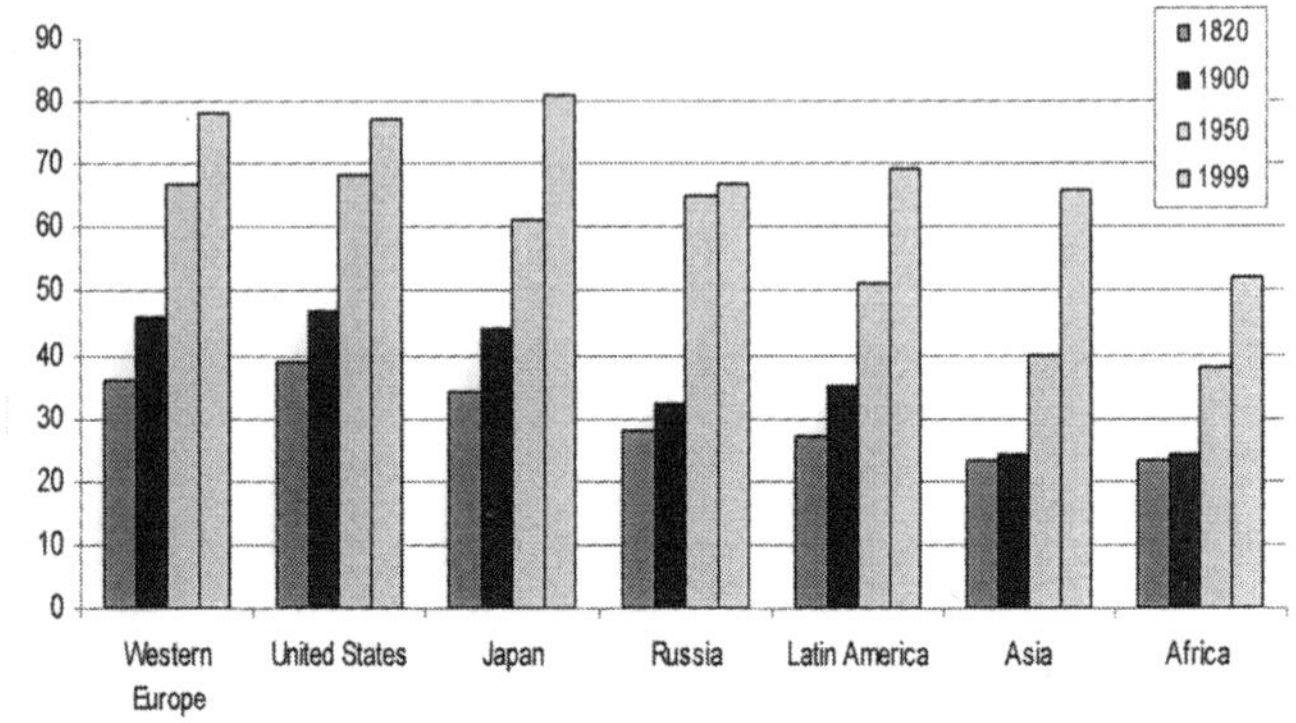

るということがわかる（資料9）。

子どもの数が減ってくれれば、学校の統廃合や、あるいは過疎地、離島等における教育機会の確保といった問題が浮上してくる。しかし、逆にいえば、ある意味でこれは、いろいろな工夫ができるチャンスでもある。単に子どもの数が減っていくということだけではなくて、だんだんと親の年齢が高くなってきて、兄弟の数が減っていくということに対して、学校はどう対応していけばいいのか、といったことも考えていかなければならない、ということが指摘されている。

次に長寿化ということであるが、各国とも平均寿命は延びており、中でも日本が一番高いという状況になっている（資料10）。そして六十五歳の人の平均余命も延びている（資料11）。そういう状況になるということは、一方で子どもたちが身につけるべき能力も変わってくるし、他方で、学校システムが高齢

資料11　退職後の人生が長くなる

Fig. 1.4 Longer lives after retirement age
Average additional life expectancy of 65-year-old men and women in OECD countries
OECD (2005), OECD Health Data.

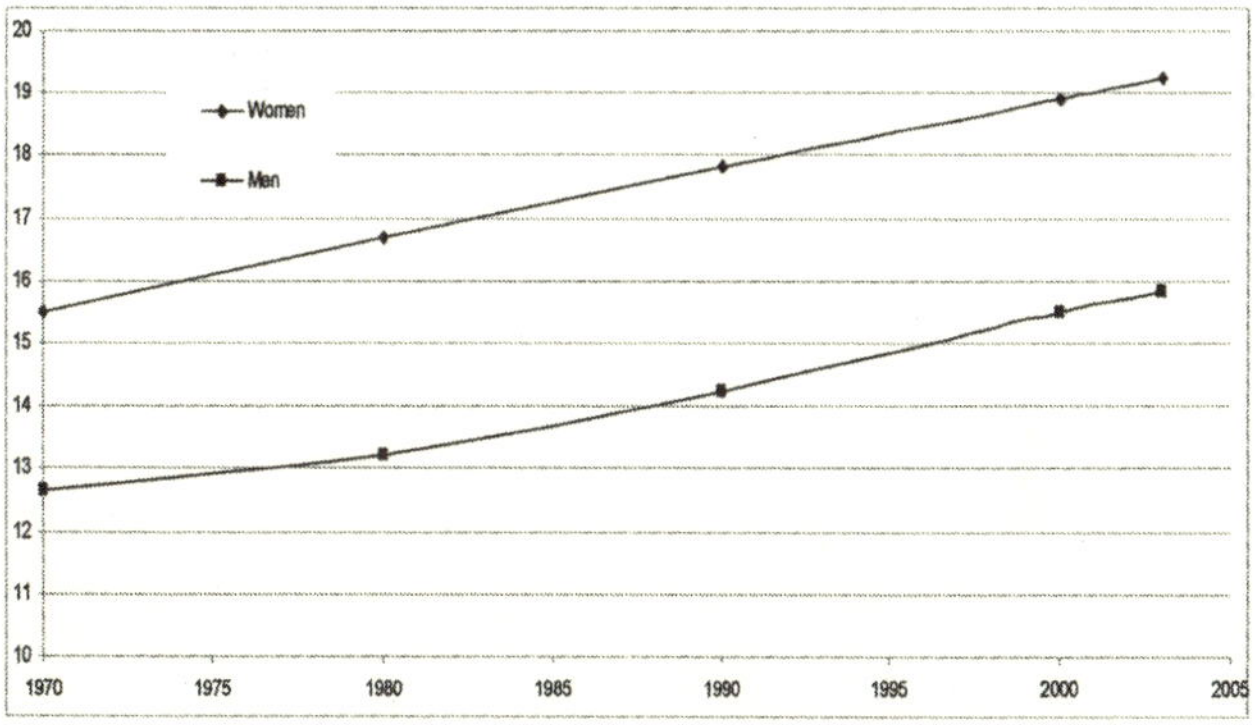

資料12　人口の年齢構成の推移

Fig.1.5 From "bottom-heavy" to "top-heavy" age structures
Age structure in more developed regions millions of people per age bracket (i.e. Europe, plus Northern America, Australia, New Zealand and Japan) in 1950 and 2050
United Nations (2006), World Population Prospects: The 2006 Revision, online version, http://esa.un.org/unpp/index.asp?panel=2, accessed June 2007.

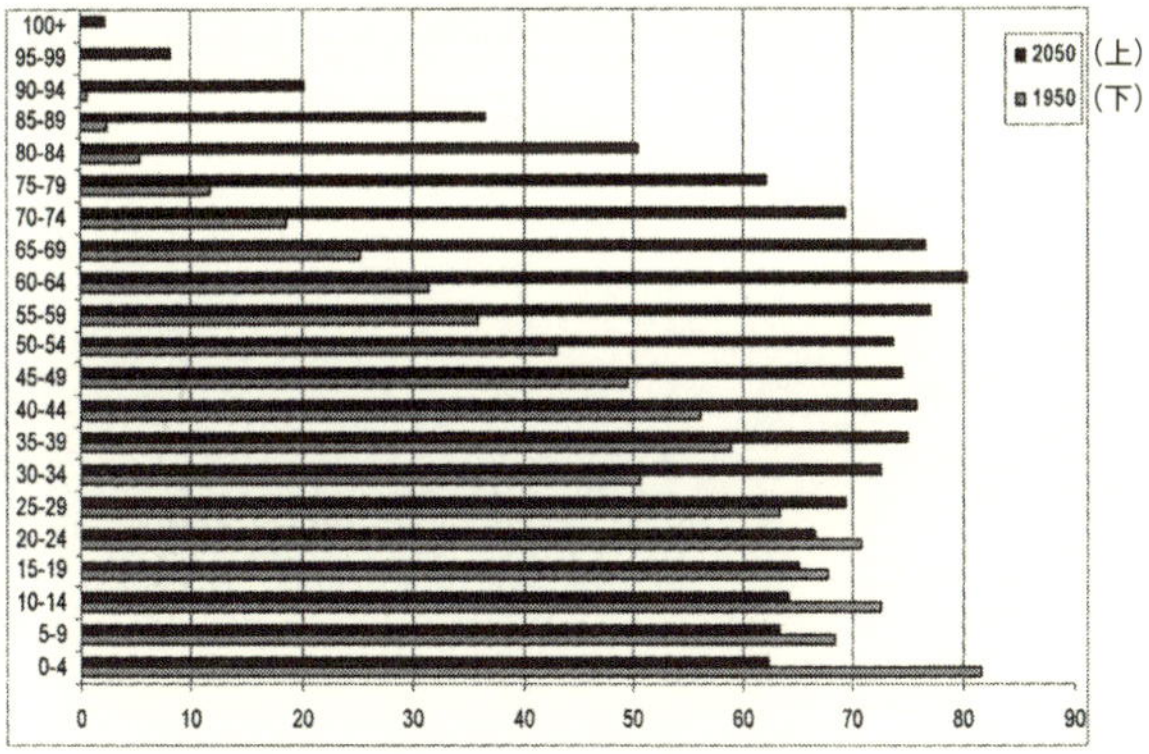

者に対してどういう役割が果たせるかといったことも検討課題になってくる。

人口の年齢構成も変わってくる（資料12）。かつては、グラフの形から人口ピラミッドなどといわれたが、最近ではかなり「トップ・ヘビー」な形状になってきている。これも世界的な傾向として、各国ともこのような形になっていくであろうということである。

②地球規模の課題

同書では、このように、九つのトレンドのそれぞれについて詳細にデータを引きながら分析している。ここではその詳細は同書に譲ることとして、以下その他のトレンドについて簡潔に紹介しておこう。まず、「地球規模の課題」としては、人口の増加、豊かさの格差（南北格差）などの格差が広がること、さらに人口の移動、そして環境問題がある。詳細は省略するが、人口問題（資料13）について一点だけ触れておくと、世界的に人口が増加するといわれるが、このグラフから明らかなように、そのほとんどは開発途上国の人口の増加によるものだという構造になっている。これについては、後で改めて触れることにしたい。

③新たな経済情勢

次に経済秩序はどうなるか。経済のグローバル化が進むということと同時に、知識集約型サービ

資料13　OECD諸国以外で人口が伸びる

Fig. 2.1 Population stagnation in OECD countries, growth elsewhere

Population growth worldwide and in more and less developed countries (in billions)

United Nations (2006), World Population Prospects: The 2006 Revision, online version, http://esa.un.org/unpp/index.asp?panel=2, accessed June 2007.

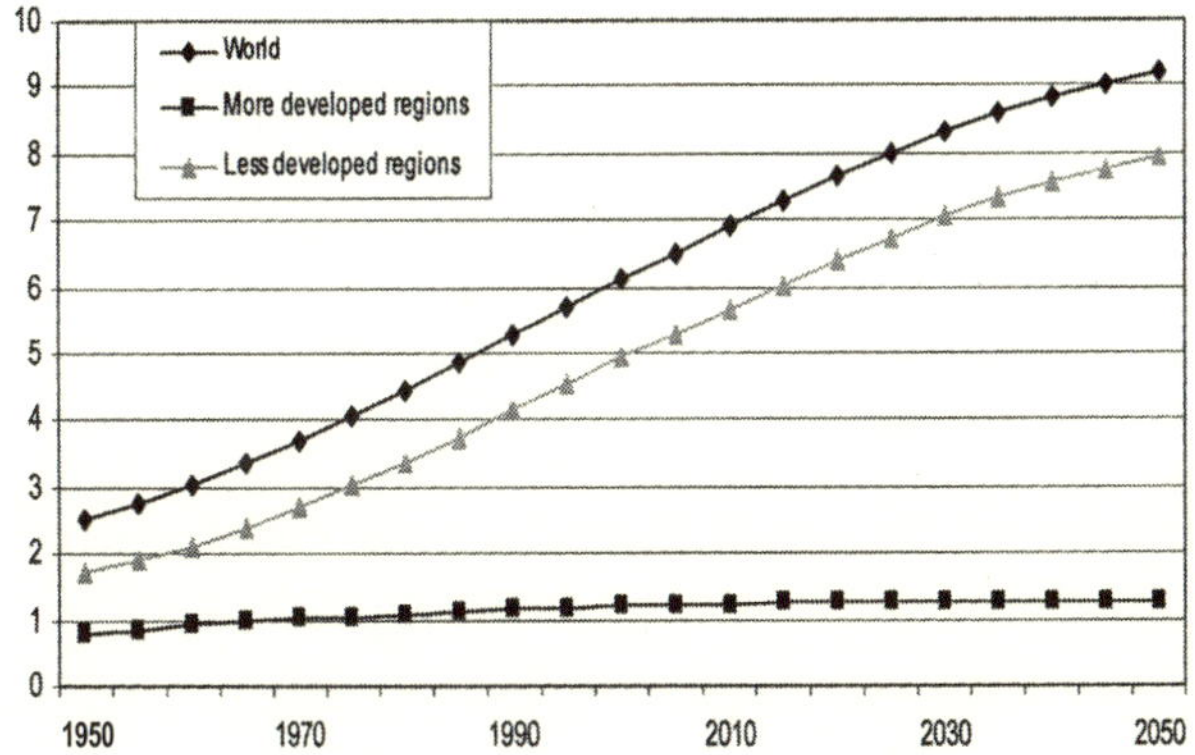

ス経済に移行するだろうということがいわれている。もちろんものづくりということの重要性は、今後とも変わることはないであろう。しかし、就業人口の構成から考えると、やはり第二次産業が伸びるとは考えにくい。第三次産業の就業人口が伸びていくという傾向で推移するだろうということである。

④雇用・労働の世界の変化

次に、雇用と労働について、仕事からの解放が進む、労働市場が不安定になる、女性の職場進出が進む、などの流れが見込まれる。ただし、前の二つの流れは単純ではない。二十世紀が終わろうとするころに、二十一世紀はどういう時代になるかと聞かれて、「忙しい人はますます忙しくなるが、暇な人はますます暇になる」と言った人がいるが、実際そういうようになっていくのかもしれない。

⑤学習社会化

学習社会化ということが次の大きな流れであり、高学歴化が世界的に進んでいく。教育投資がこれに伴って増加をしていく。日本ではあまり信じられないことかもしれないが、世界的に見ると、こういうトレンドにある。さらに途上国において教育が普及し、留学生が増加するということである。これについても、後ほど触れたい。

⑥その他のトレンド

さらに、いわゆるＩＣＴ化が進行する。デジタル革命が進み、ウェブ２・０などいわゆる次世代ＩＣＴが広がっていく。

国の役割も変わっていく。先進諸国に共通の動きとして、政治参加の態様の変化や「小さな政府」への流れ――原文には〝?〟が付けられている――の中で、いわゆる福祉国家というものの新しい姿の模索を今後とも続けていくことになるだろう。

もう少し価値観のレベルでいうと、絆と価値の変化という流れを考慮に入れておく必要がある。家族が多様化し、人間関係が希薄化していく中で、好むと好まざるとにかかわらず、新たな価値観が作り出されていくだろう。

持続的な豊かさが実現できるだろうか。エネルギー消費がこのまま一方的に、加速度的に増大していくということに、環境問題を含め、この地球そのものが耐えられるのだろうか。新しい不平等、格差の問題、あるいは、生活様式が便利になってその分健康リスクが高まる、といったような問題もある。同書では、以上のようなトレンドが整理されて掲げられているが、併せて、これらについて我々はどのように考えるべきか、ということについても指摘されている。

未来のことであるから、はっきりと予見できることばかりではない。予見が外れるということもあるだろう。しかし、中には予見ができることもある。未来を予見したとして、それが必ずしも望ましくない未来であったとしても、その流れを変えることはできないかもしれない。流れを変えられないときには、その変化にどう対応していったらいいのかということをみんなで考えようではないか、だから、これからのトレンドをきちんと見守っていこう、というようにこの報告書は結ばれている。

三　教育振興基本計画における二つの柱

教育振興基本計画は、以上に紹介してきたようなトレンドを含めた将来を見据えて、今後一〇年

資料14　今後10年間を通じて目指すべき教育の姿

1　義務教育修了までに、すべての子どもに、自立して社会で生きていく基礎を育てる ・公教育の質を高め、信頼を確立する ・社会全体で子どもを育てる 2　社会を支え、発展させるとともに、国際社会をリードする人材を育てる ・高等学校や大学等における教育の質を保証する ・「知」の創造等に貢献できる人材を育成する。こうした観点から、世界最高水準の教育研究 ・拠点を重点的に形成するとともに、大学等の国際化を推進する

間を通じてどのような教育の姿を目指すのかということについて、ごく簡潔に整理している（資料14）。二つの柱があるが、ここで述べておきたいことは、この二つの柱の具体的内容というよりも、二つの柱の立て方である。

従来から、学校教育は、国際的にも初等中等教育と高等教育とに区分するのが通例であり、文部科学省の組織もそれに対応した構造になっている。しかし、この計画では、義務教育と義務教育後という柱の立て方になっている。義務教育修了までに、すべての子どもに自立して社会で生きていく基礎を育てるということ、これを一つの柱に据え、もう一つは高等学校や大学等において、持続的な発展を支え、国際社会をリードする人材を養成するという、義務教育と義務教育後という柱の立て方になっているという点を指摘しておく必要がある。

その上で、教育に関する取組み全体を通じて、「横」の連携（教育に対する社会全体の連携の強化）、「縦」の接続（一貫した理念に基づく生涯学習社会の実現）、そして、国・地方それぞれの役

資料15　学力は大丈夫か？

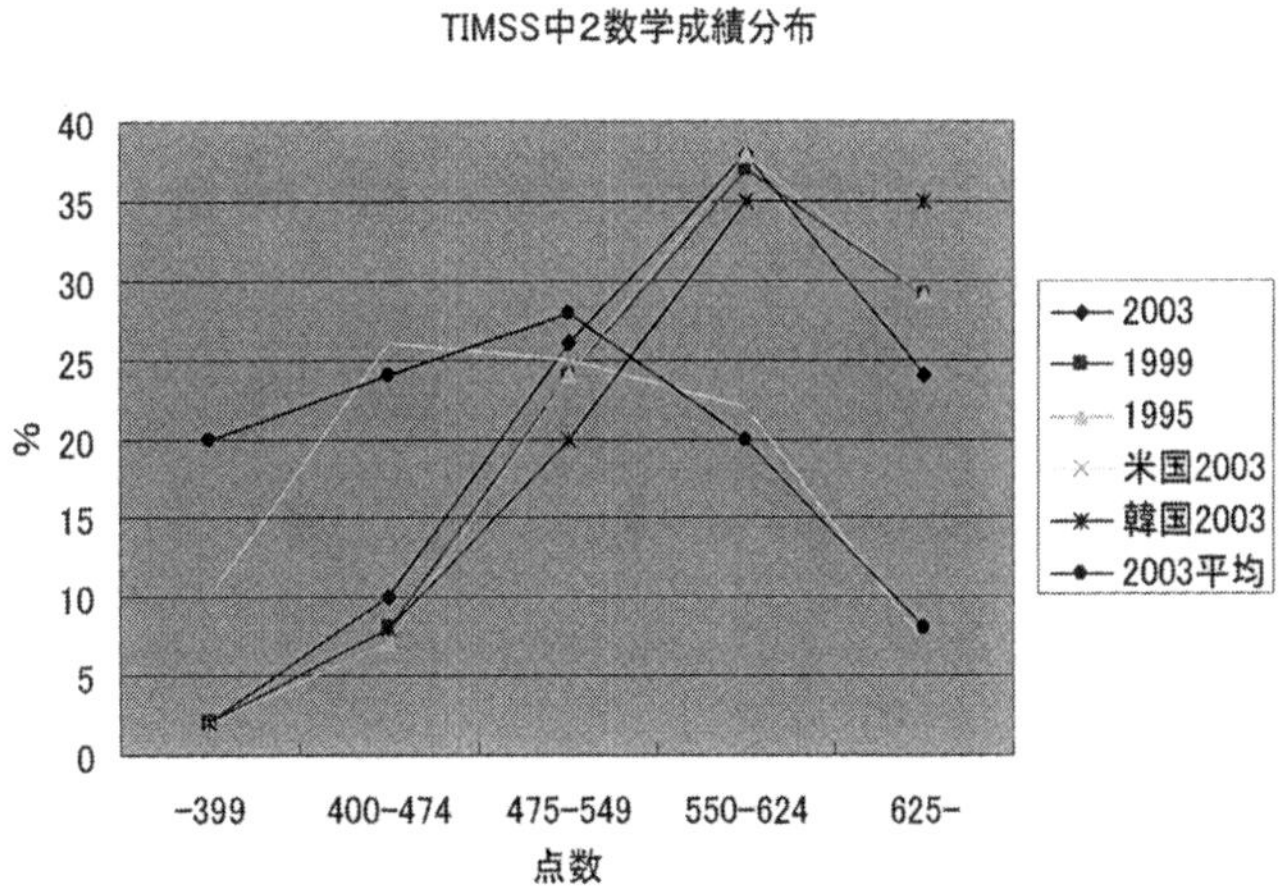

割の明確化という考え方の重視ということがいわれているのであるが、ここではこれからの学校の姿について、「学校」の問題と「大学」の問題とに分けて考えていきたい。

四　学校はどこへ？

最近いわゆる学力低下問題がクローズアップされている。しかし、いわゆる学力のほかにも心配なことはいろいろあるはずである。また、義務教育というが、「教育の義務」ということをもう一度問い直す必要があるのではないだろうか。こういったことなども含めて、これからの学校の姿について少し掘り下げて考えてみよう。

「学力」は大丈夫か？

学力については、ＴＩＭＳＳ[*3]とＰＩＳＡ[*4]という二種類の国際調査の結果、日本の子どもたちの成績が落ちているということが問題になっている。**資料15**は、ＴＩＭＳＳの中学二年生の数学の成績分布であるが、日本の子どもたちは、韓国に比べて成績の高い子どもたちの割合が少なく、また一九九五年、九九年に比べて二〇〇三年の方が成績の高い子どもたちの割合が減っている。確かに、これを見る限り、成績の高い子たちの割合が減っているという意味で、学力が低下しているように見える。

他方で、ＯＥＣＤ諸国の平均や、米国の子どもたちの成績分布と比べれば、はるかに高いところで競争をしていることもわかる。依然としてトップグループの中で、日本の子どもたちは頑張っているという状況にあるということである。

ここでのポイントは、ＯＥＣＤ諸国の平均、あるいは米国の子どもたちのグラフと、日本や韓国の子どもたちのグラフとの違いは、成績のいい子どもたちの割合ということもさることながら、成績の分布、つまり、成績の高い国の成績の分布は、平均点の周辺に集中して分布するという傾向になっているということである。

資料16は、ＰＩＳＡの十五歳の科学的リテラシーのグラフである。これを見ても、確かに日本の

資料16　15歳の科学的リテラシー（PISA2006）

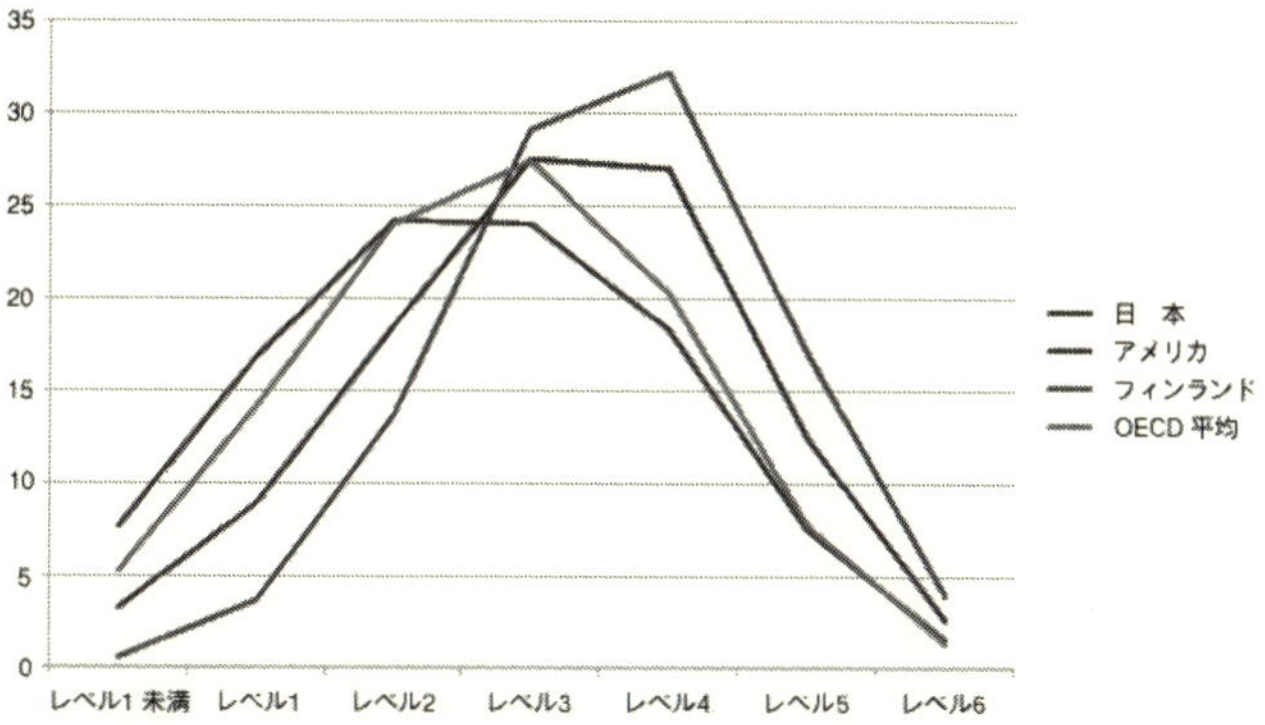

子どもたちは、フィンランドよりは低いが、十五歳の段階でOECD平均、あるいは米国の子どもたちよりも成績がいい。数学についても同じ傾向にある。つまり、成績のバラツキが小さい、ということである。

日本でも全国学力・学習状況調査が平成十九（二〇〇七）年から行われるようになった。その結果を見ると、もちろん各県ごとの平均点には差はあるものの、その差は極めて小さい。確かに上位一〇県ほどは、去年と今年とではあまり入れ替わりがない。小学校、中学校、算数と国語、どれを見ても大体同じようなところがトップ一〇に入ってくる。成績の相対的に低いグループも大体似通ったグループになっており、そこのところはやはり少し真剣に考えてみる必要があるだろう。しかし、その間の大多数は、順番が上がったとか下がったとかいってみても、ほとんど意味がないという状況にある。おそらく市町村別に集計をとってみても、同じような結果が出てくるのではないだろうか。

子どもたちの「意欲」とその背景

先般ある本を読んでいると、「恐るべき学力低下」という昭和五十四年の新聞記事が引用されているのに目がとまった。我が国では、昭和二十年代に学力低下が問題になり、昭和三十三年には学習指導要領が法制化されたが、昭和五十年代にも、日本の大学生は「恐るべき学力低下」状態にあると言われていたのである。それはともかく、確かに学力は重要な問題ではあるが、しかしその他にも考えなければならないことはいろいろある。

これも新聞などで紹介されたが、二〇〇六年に日本青少年研究所が行った日本・米国・中国・韓国の四カ国の比較調査によると、卒業後の進路として、国内の一流大学に進学をしたいと答える子どもたちの割合は、日本が二〇％、米国が約二五％、中国が三七・八％、韓国が二八・五％だったということである（資料17）。日本の子どもたちの五分の四までは、国内の一流大学に進学したいというふうには思っていないということである（同研究所の別の調査によると、留学したいと考えている子どもたちも、日本ではこれらの国に比べて少ないという）。

生活意識の面でいうと、「暮らしていける収入があれば、のんびりと暮らしていきたい」というのが日本の高校生の意識、「一生に何回かはデカイことに挑戦してみたい」というのが米国、「やり

資料17　高校生の意欲に関する調査

2006年10月から12月　(財)日本青少年研究所調査

・卒業後の進路
　・「国内の一流大学に進学したい」
　　→日本 20.4%、米国 24.7%、中国 37.8%、韓国 28.5%

・生活意識
　・日本「暮らしていける収入があればのんびりと暮らしていきたい」
　・米国「一生に何回かはデカイことに挑戦してみたい」
　・中国「やりたいことにいくら困難があっても挑戦してみたい」
　・韓国「大きい組織の中で自分の力を発揮したい」

・偉くなることについて
　・日本「責任が重くなる」「自分の時間がなくなる」
　・米国「自分の能力をより発揮できる」「周りに尊敬される」
　・中国「自分の能力をより発揮できる」「責任が重くなる」
　・韓国「周りに尊敬される」「自分の能力をより発揮できる」

・偉くなりたいか
　・「偉くなりたいと思う」(「強くそう思う」)
　　→日本 8.0%、米国 22.3%、中国 34.4%、韓国 22.9%

・心情
　・「よくいらいらしている」
　　→日本 28.0%、米国 18.4%、中国 17.8%、韓国 13.2%
　・「よく疲れていると思う」
　　→日本 50.0%、米国 38.2%、中国 31.8%、韓国 37.0%

たいことにいくら困難があっても挑戦してみたい」というのが中国、韓国では、「大きい組織の中で自分の力を発揮してみたい」という回答が多い。

米国や中国の子どもたちは「偉くなれば自分の能力をより発揮できる」、韓国では「周りに尊敬される」というイメージを持っているが、日本の子どもたちは、「偉くなると責任が重くなる」、「自分の時間がなくなる」というようなイメージを持っている。日本では、その結果であろうか、将来「偉くなりたい」と強く思っている子どもは、全体の八％しかおらず、ほかの国に比べると、非常に少ないものとなっている。それでは、彼らはのんびりしているのかというと、そういうわけでもなく、イライラしている、疲れているという子どもたちが多い。この結果をどのように考えればいいのだろうか。

しかし、よく考えてみると、無理もないと思われる面もある。彼らを待っている将来はどういう社会なのだろうか。いわゆるニート[*5]の数は六二万人、そのうちの三六万人が二五歳以上である（二〇〇七年）。さらに、仕事はしていても、いわゆる非正規雇用が急速に増えているという現実もある。年齢別で見ると、比較的若い年齢層で非正規雇用が増えており、その先には、正社員のリストラ予備軍がいるということも、みんなよく知っているわけである。

そういったことも背景にあるのだろうが、婚姻率が落ちて離婚率が上がっている。高齢化の影響もあるとはいえ、生活保護世帯も急速に増加している（資料18）。

また、日本は、もともと世界でも最も自殺率の高い国の一つである。ロシア、リトアニア、ベラルーシ、カザフスタン、ハンガリー、そういった国々の後に、日本や韓国が続いている。

他方で、マスコミなどで報じられる医師や弁護士、エリート社員や官僚の姿にも、なかなか厳しいものがある。こういう状況の中で子どもたちに夢を持てというのも、なかなか大変なことではある。ひょっとしたら我々大人が、子どもたちが夢を持てない世の中をつくってしまっているという

資料18　生活保護世帯数と保護率の推移

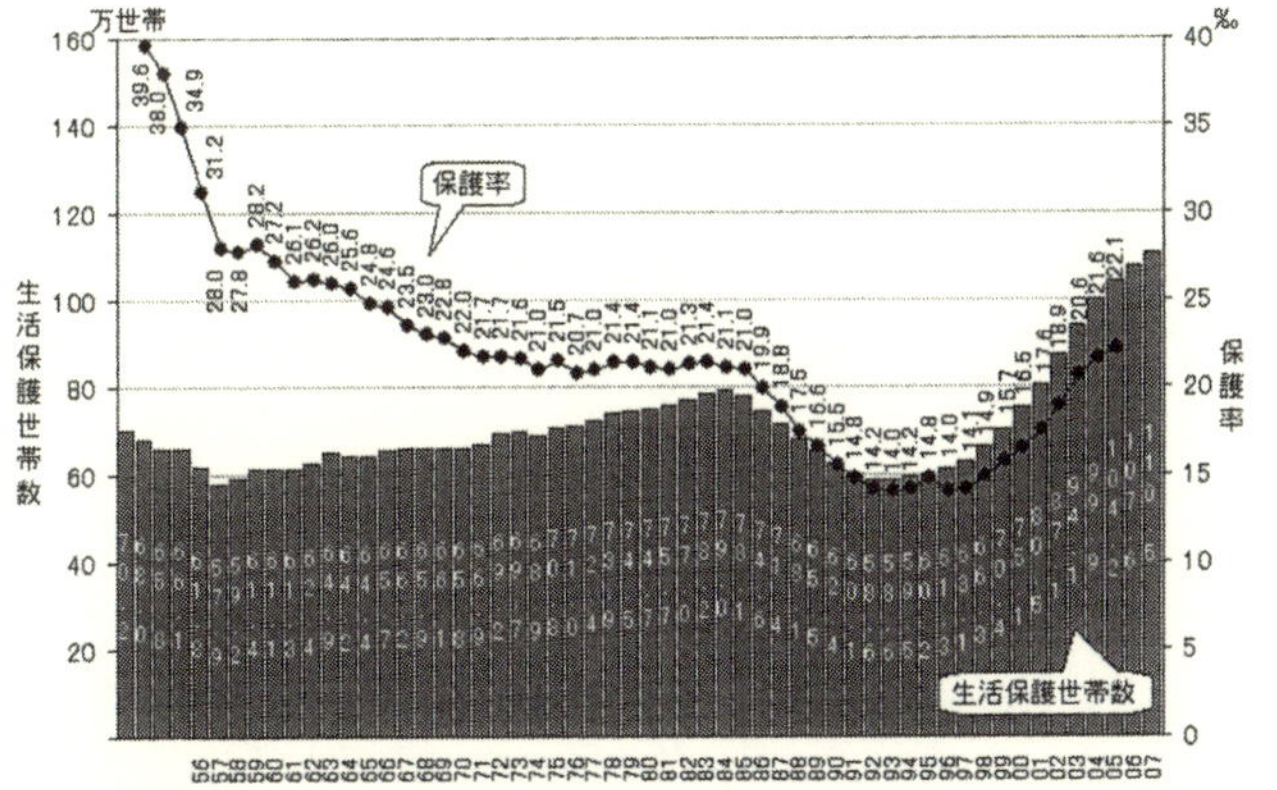

（注）年度の1か月平均のデータである。保護率は社会保障・人口問題研究所「「生活保護」公的統計データ一覧」。
（資料）厚生労働省「社会福祉行政業務報告（福祉行政報告例）」

ことなのではなかろうか。

教育の「義務」とこれからの学校の姿

こうした状況の中で、それでは学校はどう対応していったらよいのだろうか。まず、法律上の学校の位置づけを見ておこう。

憲法には、「すべて国民は、法律の定めるところにより、その保護する子女に普通教育を受けさせる義務を負う」（第二六条第二項）と定められている。教育基本法では、「別に法律で定めるところにより普通教育を受けさせる義務を負う」（第五条）と書かれているが、これを受けた学校教育法では、基本的には小学校、中学校等に「就学させる義務」というように書かれている（同法第一七条）。つまり、学校教育法では、憲法・教育基本法にいう「普通教育を受けさせる義務」を、義務教育年齢の子どもたちについての「就学させる義務」というように翻訳している、ということになる。

しかし、子どもたちを就学させるべきその「学校」という存在は、どういう場所なのだろうか。地域によっても違いはあろうが、かつて日本の村の小学校は、コミュニティーの中心的存在であった。たとえば、小学校の運動会は村のお祭りのようなところがあって、その学校の児童や保護者だけでなく、地域の住民（そのほとんどは同窓生）もたくさん集まるイベントで、地区対抗リレーなどが催され盛り上がっていた。

近年では、全く異なる状況の下ではあるが、担任の先生や生徒指導の先生が子どもの親代わりまでせざるを得ない状況があって（学校によっても程度の差はあろうが）、警察や病院でも、何かあったときには、なかなかつかまらない親より、学校が頼りということも珍しくないようである。

米国では、（これも地域によってさまざまであるが、一般的には）各学校区の教育委員会が、学校区内の一人ひとりの子どもたちについて、保護者と話し合ってどのような教育プログラムが適当であるかということを判断し、また専門家の意見も聞きながら、学校に来ることが適当でないと認められる場合には、代替の手だてを用意することになっている。このため、各種の特別支援プログラム、いわゆるホームスクーリングのためのプログラム、心理学などの専門家を派遣する仕組みなどといったさまざまなメニューが用意されている、というのがアメリカのスタイルである。

日本でも最近は、「放課後子ども教室」とか、杉並区の和田中学などで有名になった「土寺《どてら》」や「夜スペ」などといった活動が見られるようになってきている。またいわゆる「学校支援地域本部」事業も各地で進められている。

こういった状況をみると、学校というところが、次第にその本来の役割を周辺に活動範囲を広げているように見える。言い換えると、単なる就学の場から、トータルな教育機会を保障する場へと、その役割が広がりつつあると考えることもできそうである。

しかし、それは、決して学校がすべてを抱え込むということなのではない。具体的な形はさまざまであるが、それらに共通することは、学校が地域と結びついており、一人ひとりの子どもに必要な支援が受けられるように、子どもとさまざまな支援者（保護者の手に余る時は、医療や福祉、大学等の専門家、地域のボランティアや民間の青少年教育団体などを含め）とを結びつける役割を担うということではなかろうか（それは、逆に言えば学校が直接責任を負う活動を限定することでもある）。それは、昔そうであったような村の中心としての小学校という姿と、どこかで二重写しになってくる部分があるように思われる。

五　大学の役割

大学の規模の問題

　一方、大学はどうだろうか。まず、学生数は今後どのようになっていくのだろうか。結論的に言うと、成人（社会人）を中心に学生数が増えていくだろうというのが、中央教育審議会で教育振興基本計画の審議の際に提出されたモデルである。

　大学・短期大学進学率は最近頭打ちになっているが、一般的には、すでに大学が多すぎるのではないか、そのためもあって大学生の学力が低下しているのではないか、などとよくいわれる。しかし、大学進学率が一貫して上がってきたにもかかわらず、高卒と大卒とを比べると、両者の所得の差はむしろ広がっており、少なくとも卒業後の所得水準に関する限り、大卒の価値は落ちていないと考えられる。今後の就業構造を考えても、少なくとも統計的には、大学へ行けるものなら行った方が将来の展望が明るいという状況は続いているといえよう。

　世界的に見ると大学進学率は上昇傾向にある。英国では六〇％前後、フランスやドイツでは四〇％ぐらいと比較的低いが、今後五〇％以上に進学率を引き上げていく方針をとっている。米国では五〇％強であるが、パートタイム就学を含めれば六〇％を超える。日本は現在五〇％を少し超える

資料19　18歳人口及び高等教育機関への入学者数・進学率等の推移

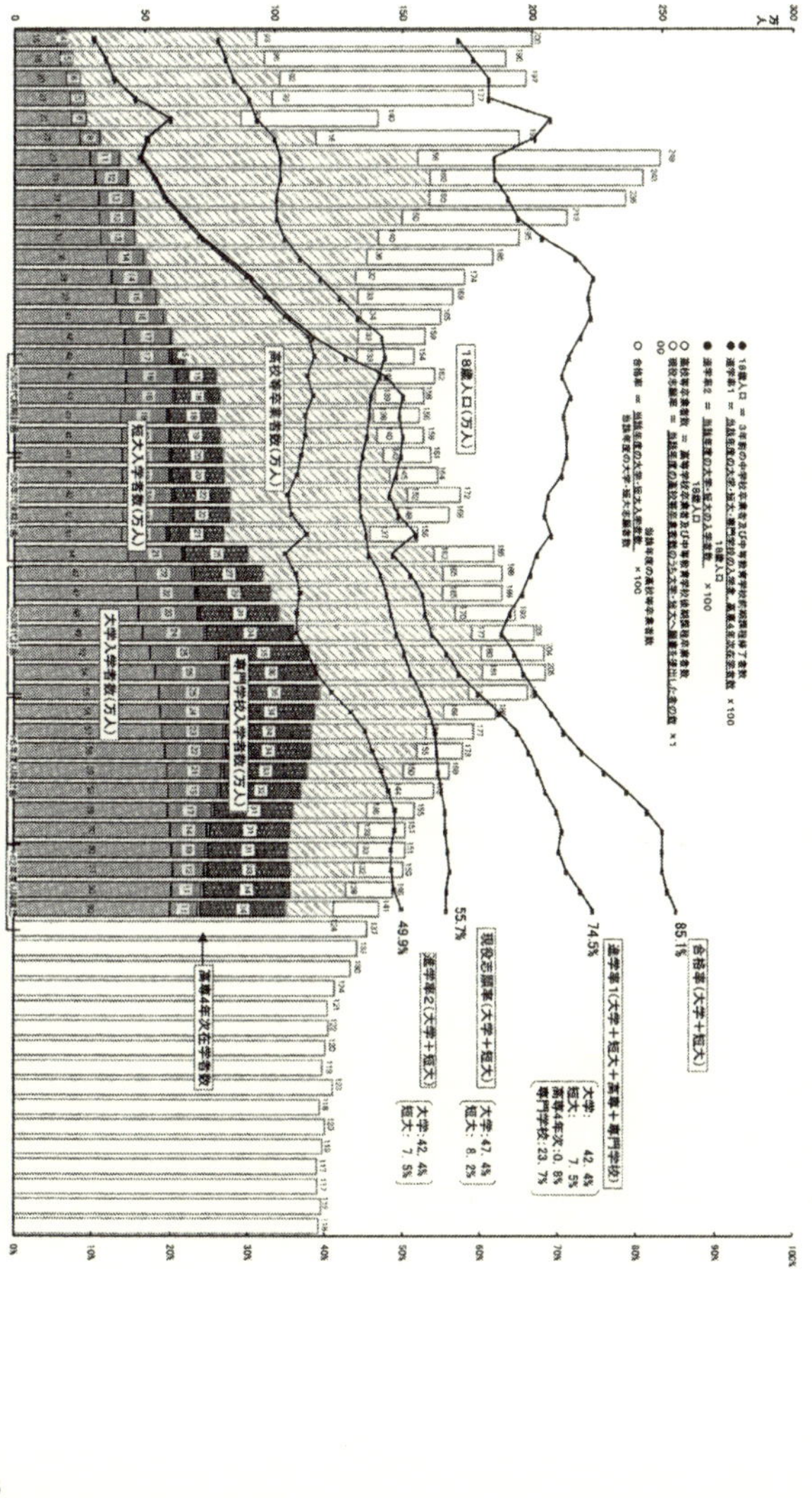

（文部科学省「学校基本調査」、国立社会保障・人口問題研究所「日本の将来推計人口」より作成）

ぐらいであるから（資料19）、国際比較の観点からも決して日本の大学が多すぎるという状況にはない。

なぜ大学に行かないか

日本でも大学の規模が拡大し、近年は定員割れの大学も少なくない。このような状況にもかかわらず、半数近くの高校生は、卒業後、大学には進学しない。これはなぜだろうか。

都道府県別に見た進学率の差を見ていくと、京都が六割強で、沖縄はまだ三〇％少し、というように地域差があることがわかる（資料20）。今後、こういった進学率の低い地域の子どもたちの進学率が単純に上がってくるということは、あってもおかしくはないだろう。しかし、県民所得と進学率を並べてみたとき、やはり県民所得の低いところは進学率が低いという関係になっていることがわかる。後に述べるように、ＯＥＣＤの統計を見てみると、日本の高等教育費は、国際的に見て私費負担の割合が非常に多く、公費負担が少ないという構造になっている。これも、進学率が伸び悩んでいる一因になっていると考えられる。

さらに、前述したように、世界的に見ると、潜在的に、高等教育を受ける人口は今後急速に増えていくと予想される。中国、インドネシア、インドなど、多くの人口を抱える国々で急速に高等教

資料20　高卒進学率

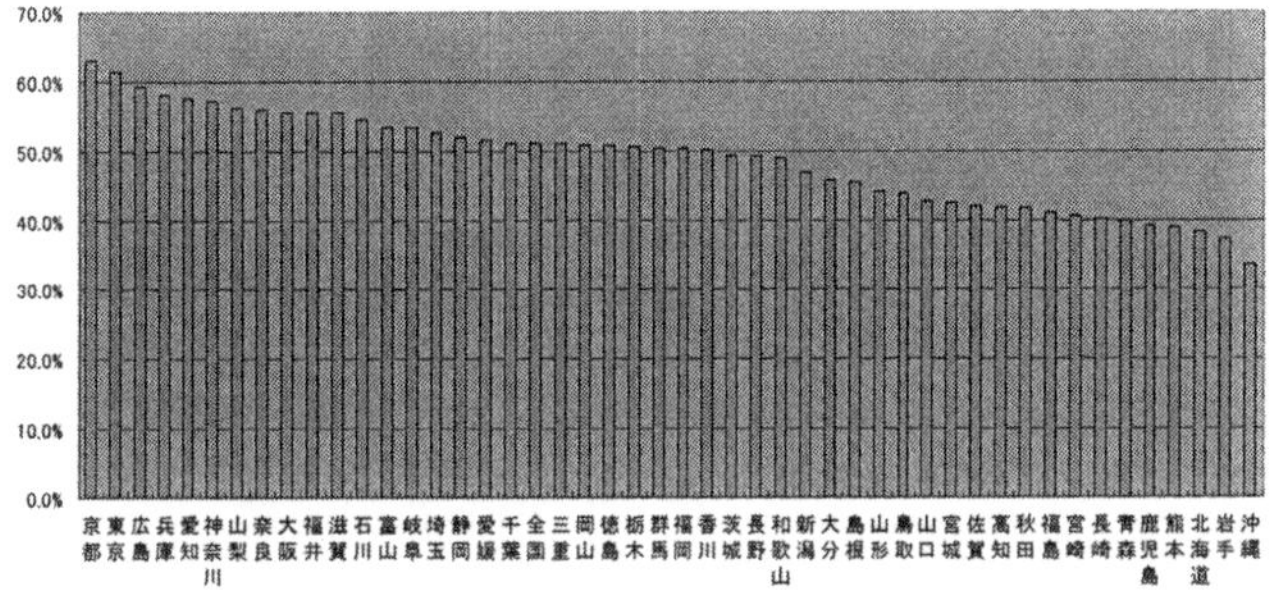

育需要が拡大しつつあるときに、それを一体誰が引き受けるのか、さらには、高学歴化した社会人の再教育需要がどこへ流れるのか、といったことも含めて、今後の日本の高等教育システムの在り方を考えていく必要がある。

大学教育の「質」の問題

ところで、これ以上学生の数が増えて、大学教育の質、あるいは卒業生の実力は大丈夫なのだろうか。

知識基盤社会の中で、持続的な経済成長を支えるために、高卒進学率を上げていかなければならないとすると、大学教育は、従来以上に手間のかかる仕事になると考えなければならない。それと同時に、高等学校までの段階で、より幅広い層の生徒に対して、大学教育を受けるに十分な準備教育を手厚く行っておく必要がある。

しかし、このような対応がとられさえすれば、先に見たように、日本の初等中等教育の水準は国際的に見て、すでに十分高いのであるから、世界標準の質を維持しつつ、諸外国より高い大学進学率を実現することは、十分可能なはずである。さらに、先に見た途上国の人口増加や、ＯＥＣＤ諸国が高学歴の長寿社会になっていくことなどを考えれば、大学教育が対象とすべき潜在人口は急速に増加していくものと見込まれる。

現在、ＯＥＣＤなどを中心に、大学の質保証のための国際的な枠組みが構築されつつある。今後、学生の国際的な流動性の高まりが予想されるだけに、このような取組みが適切に進められ、有効に機能することも、非常に重要な課題である。

ところで、質の高い高等教育システムを、これからの高等教育需要を受け止めていける規模で維持していくためには、その費用を誰が負担するのか、という問題を避けて通るわけにはいかない。これに関しては、我が国では、「受益者負担」ということが極めて強く前面に出される傾向があるが、大学教育の受益者は学生ばかりではない。この点については後ほど改めて考えてみよう。

六　今後の五年間の施策

いずれにせよ、そうした大きなビジョンの中で、今後五年間の具体的な計画が定められていると

資料21　新学習指導要領への移行

・20年度：幼・小・中学校改訂・周知
・21年度：幼全面実施、高等学校改訂・周知
　　　　～：一部先行実施
・23年度：小学校全面実施
・24年度：中学校全面実施
・25年度：高等学校年次進行で実施

いうことである（資料6）。

このうち、教職員定数の改善については、具体的な規模は示されていないが、特に平成二十三年度以降新しい学習指導要領が全面実施になり、授業時間数が増えることなどから、文部科学省としては、これに対応する定数改善が必要であると考えている。

これに関して、一部に、子どもの数が減るのに先生の数を増やそうとしていると受け止められている向きがあるが、実際にはそうではない。子どもの数が減っていくことに伴って教員の数も減っていくのだが、学習指導要領の改訂が進むこともあり、その減少の幅を少しでも改善しようとしているのである。

さらに、新学習指導要領への移行を円滑に進めることが、この五年間の大きな課題である（資料21）。

次に、高等教育に関する計画であるが、これについては、今後中央教育審議会で審議される。具体的には、次期の基本計画の中で、いわゆるグランドデザインを含めた新しい計画を立てることとし、それに向けて、さまざまな角度から基礎的な議論を進めていくこととしてい

る。
文部科学省では、これらを具体的に進めていくため、「アクションプラン」を策定して取り組みを始めている。各地方公共団体においては、これの実現に向けて、様々な試みが行われている。。

七　教育と予算という問題

さて、最後に教育財政の問題について考えてみたい。教育振興基本計画策定の過程で、国として教育のためにいくら投資をするのかを具体的に明示すべきかどうかについて考え方の相違があった。財政当局などの主張は、お金をいくら使うかということではなくて、いったいどういう状況を達成しようとするのか、つまり、いわゆるアウトカムについての目標を示すべきだ、というものであった。

資料22は、教育のアウトカム指標を示すということはどういうことなのかということを考えるためのモデルの試みである。まず、地域社会の条件、家庭の条件、学校の条件という、教育を規定する大きな三つの条件を考えてみよう。学校は、学校の外側のさまざまな条件が与えられた中で機能している。したがって、家庭や地域の教育力が変化しているときに、アウトカム、例えば学力が変化したとしても、それは学校の成果だと単純に考えることはできず、子どもたちを取り巻く状況全

資料22　教育のアウトカムは可能か？

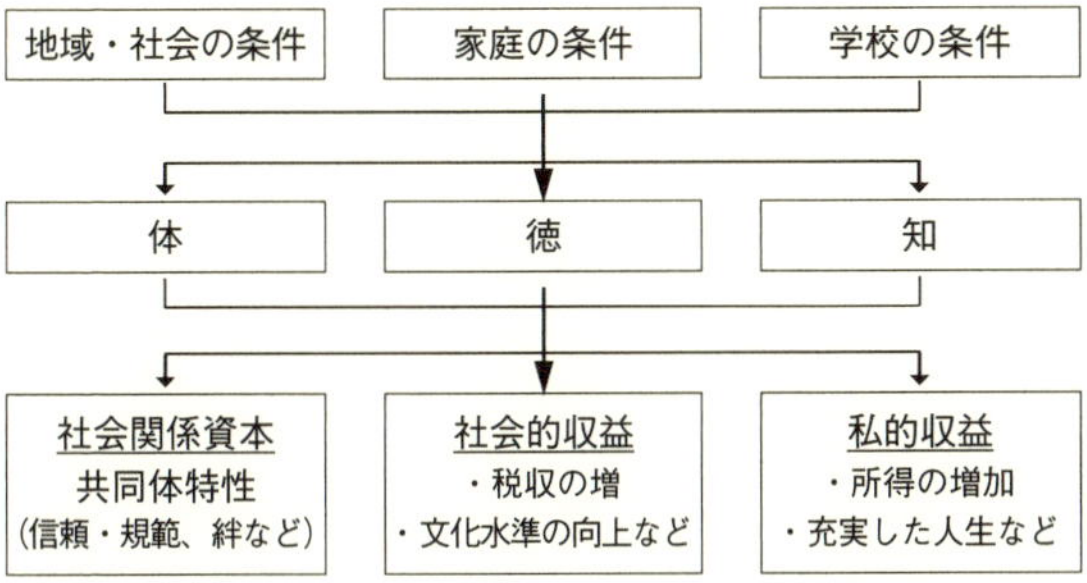

資料23　教育の社会的成果（Social Outcomes）

・社会的成果（Social Outcomes）という考え方

・教育と所得＝私的収益

それ以外に

・教育と経済成長→税収増＝社会的収益

さらに各種社会的成果が期待される

・教育と福祉、医療→高福祉、経費節減

・教育と社会統合、犯罪防止→社会の安定、経費節減

・教育と社会参加（公益、ボランティア活動等）

→ＱＯＬ、経費節減

体を視野に入れて分析的に考えてみる必要がある、ということである。

次に、学力調査で成績が上がったとか下がったとかいってみても、別稿でも触れられているが（本書第一章参照）、ここでいう「成績」とは、体育、徳育、知育とある中の「知育」の中の、さらにその一部分（特定の学年の特定の科目の、その中でも学力調査で測定の対象としている特定の能力）を扱っているにすぎないものである。アウトカムというのであれば、その他の部分がどうなっているかについても同時に目配りをする必要がある。そうでないと、学力調査に反対する人々が主張するように、そのような調査自体が、学校に対して、学校が子どもたちにとって必要だと考える事柄ではなく、測定対象となる特定部分において結果を出すように努力を集中することを促すことになる。仮に成績が上がったとしても、その他の面で重要な問題を生じており、全体としてマイナス要素が大きければ、実はその教育は失敗であったということになる。

さて、第三層として、教育の成果を、社会的成果、社会的収益、私的収益の三つに整理してみよう。受益者負担ということがいわれる場合、私的収益に注目して論じられることが多い。大学を出た人たちは将来高い所得を得るのだから、従ってその受益者である学生に授業料を払わせればよい、奨学金は貸与して返還させればよい、ということである。

しかし、教育の成果は私的な収益だけではない。社会的な収益として、当然のことながら所得が上がれば税収が増える、あるいは文化水準が向上する、といった経済的・非経済的社会的収益のほかに、社会全体が安定するとか、健康が増進するとか、その結果治安や医療のためのコストが節約できるなど、さまざまな社会的な成果がある。これは、Social Outcomesという概念で、近年ＯＥＣＤでも注目されているものである（資料23）。教育の成果というものは、これらを含めて総合的に考えることが必要である。ところが、これらはこれらで、当然のことながら教育以外の様々な要素が複合的に影響しており、どこまでが教育の成果であるのかを析出することは難しい。

このような構造を考えれば、教育システム全体について成果目標を立てるということは、①多くの不確定要因を含み、②きわめて複雑な作業を要する事柄で、③不用意に設定すると深刻な副作用を生む可能性のあることが分かる。

では、投入目標である教育予算はどうなっているのか。ＯＥＣＤ諸国における教育支出の対ＧＤＰ比の比較などから、よく日本の教育予算が非常に少ないということがいわれる。確かに、初中教育についてはいては下から三番目、高等教育についてはＯＥＣＤ諸国の中で最も少ない（資料24、25）。

これについては、日本の場合少子化が進んでいるので、子ども一人当たりに引き直してみると、特に初等中等教育段階ではＯＥＣＤ諸国の平均的な水準と見る見方もある。しかし、先ほど述べた公私負担の問題も考える必要がある。資料26、27を見ると、初等中等教育の場合はそうでもないが、高等教育になると、韓国や日本、そしてアメリカ合衆国などは、教育を受けるための費用を税金でまかなうというよりも、授業料など私的負担で賄っているという構造になっているということがわ

資料24　教育機関への公財政支出の対GDP比（初等中等教育、2005年）

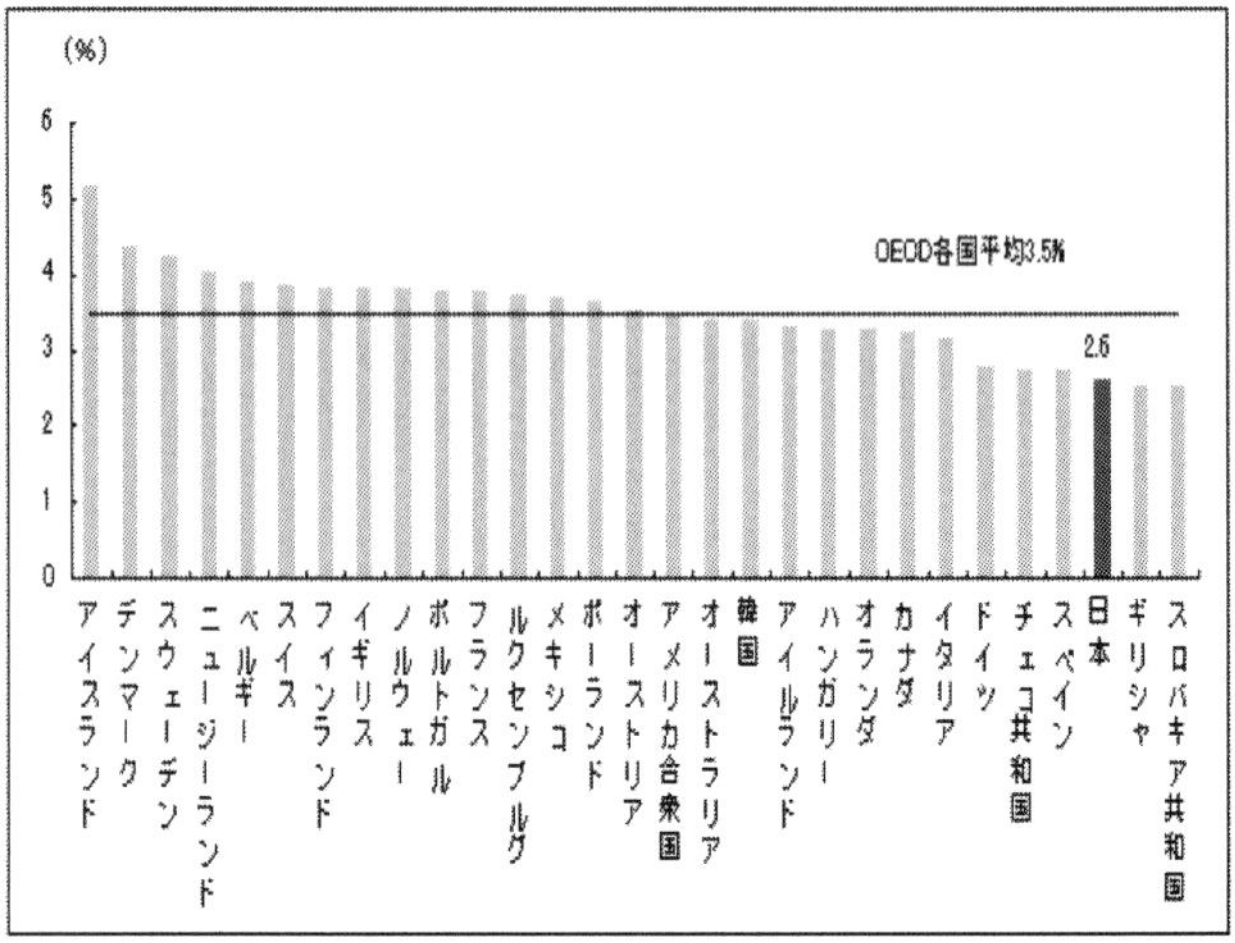

資料25　教育機関への公財政支出の対GDP比（高等教育、2005年）

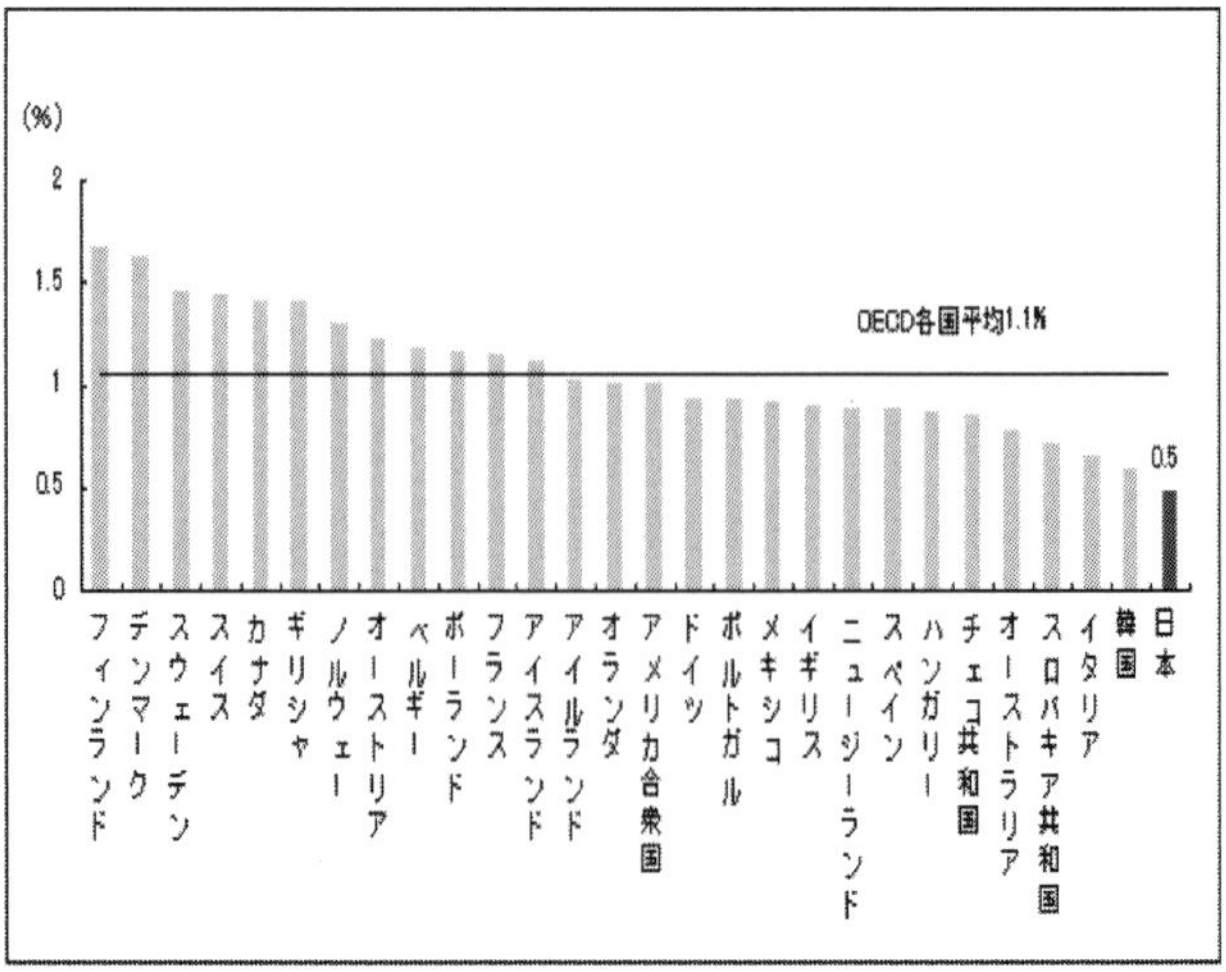

資料26　教育機関への教育支出の公私負担割合（初等中等教育、2005年）

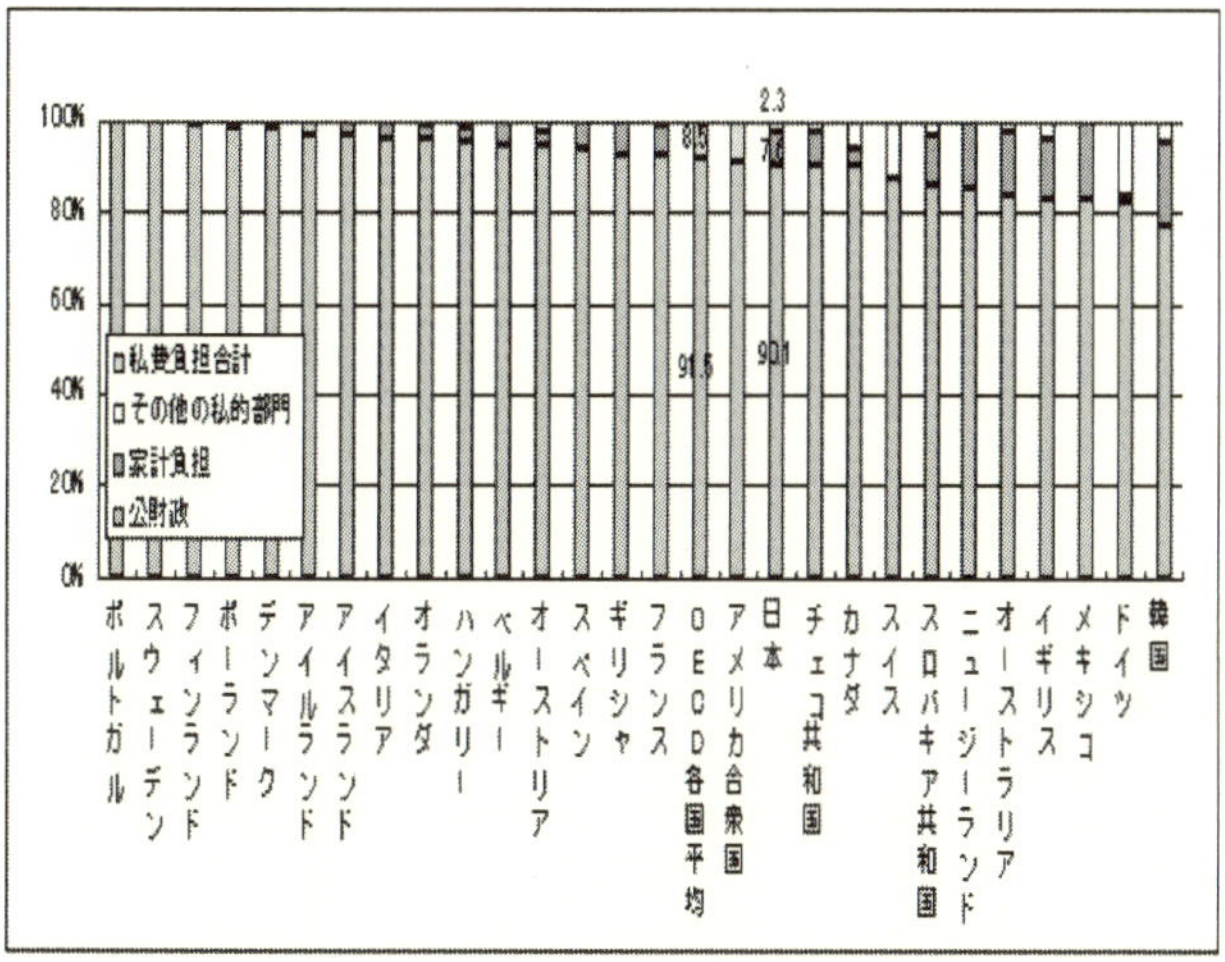

資料27　教育機関への教育支出の公私負担割合（高等教育、2005年）

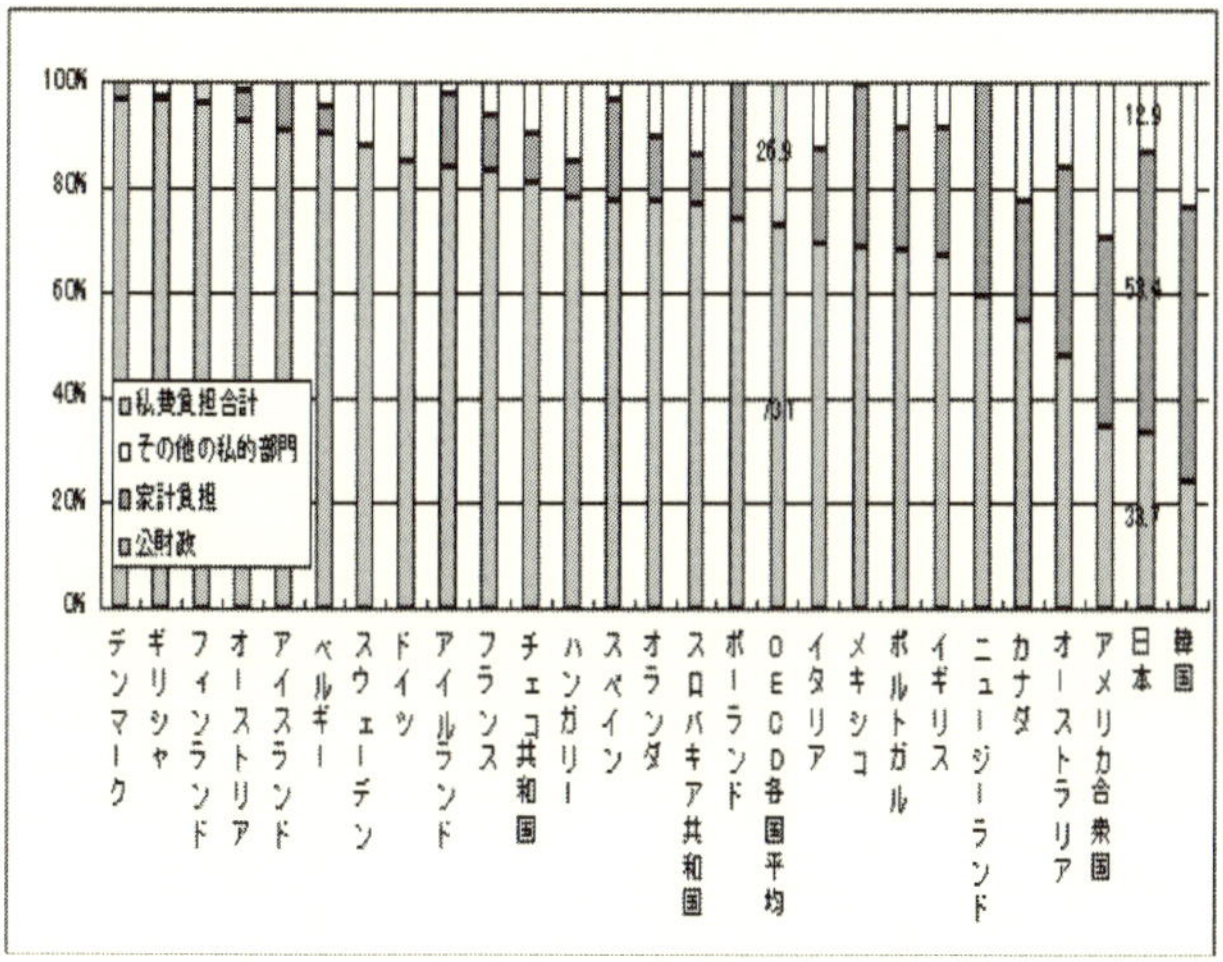

かる（ちなみに、米国の場合は、給与制の奨学金制度や民間からの寄付が普及していることを考慮する必要がある）。

これはやはり何とかすべきではないかということであるが、そして財政当局も、少なくとも高等教育に関してはできれば何とかしたいと思っているのかもしれないが、一方で、日本の財政が非常に厳しいという事情がある。**資料28**は日本の累積債務残高の対ＧＤＰ比の国際比較であるが、日本はこれが突出して高い。これを何とか改善することが大きな課題であるということも否定できないであろう。

その中で、歳出予算の構造として、国債費、いわば借金返済の部分と地方交付税交付金（これも随分減らしたために地方からは悲鳴が上がっているが）が非常に大きなウエートを占めていて、一般歳出を圧迫している（**資料29**）。その一般歳出の中では、一番大きい部分は社会保障費である。これが全体の四分の一以上、一般歳出の中では四割を占めている。その残りが公共事業、文教、防衛といった構成になっている。

その社会保障費は、周知のように、毎年大幅に伸びている。年金も医療も介護も、生活保護などその他の社会保障給付もどんどん伸びていくということが予想されている。そういった状況の下で、「骨太の方針二〇〇六」の中で政府全体としての歳出削減目標を立てたというわけである。そこでは、教育予算については、他の政策経費に比べれば若干の配慮はなされているとはいえ、教員数や給与費は抑制していこう、国立大学の予算も私立大学の予算も一％ずつ毎年切っていこうというような

資料28　日本の財政事情　債務残高の国際比較（対ＧＤＰ比）

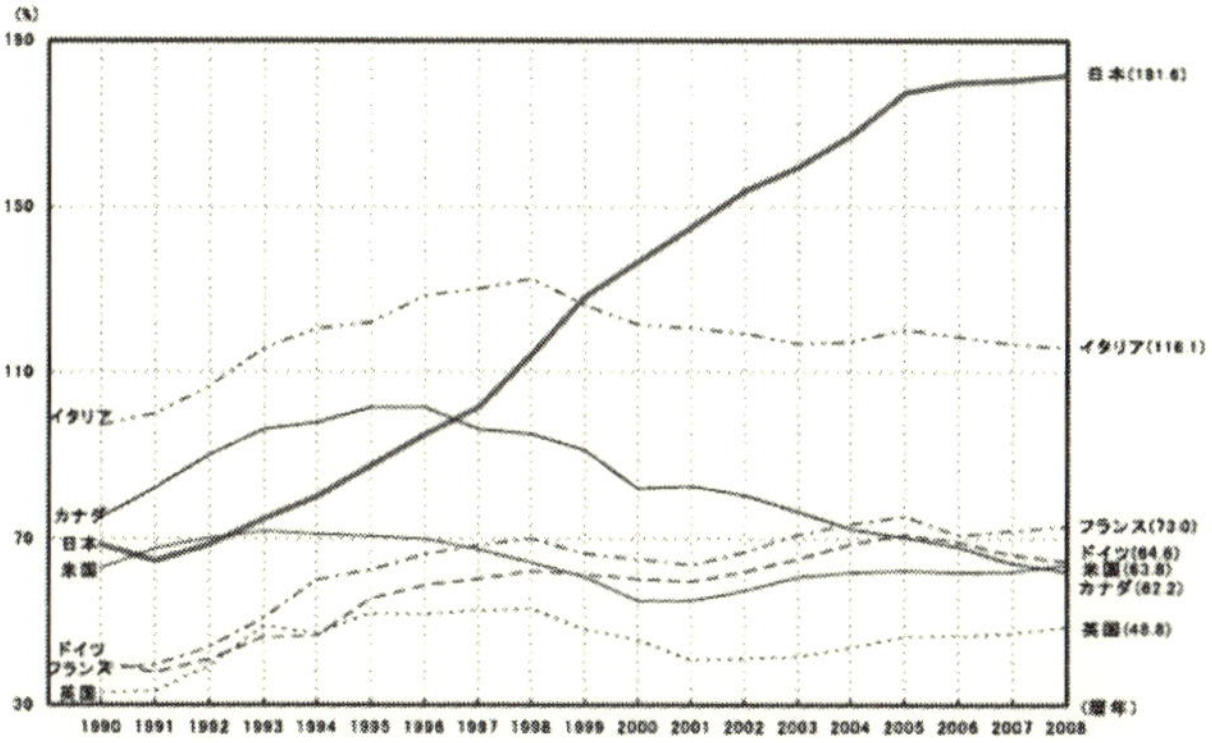

資料29　歳出予算の構造

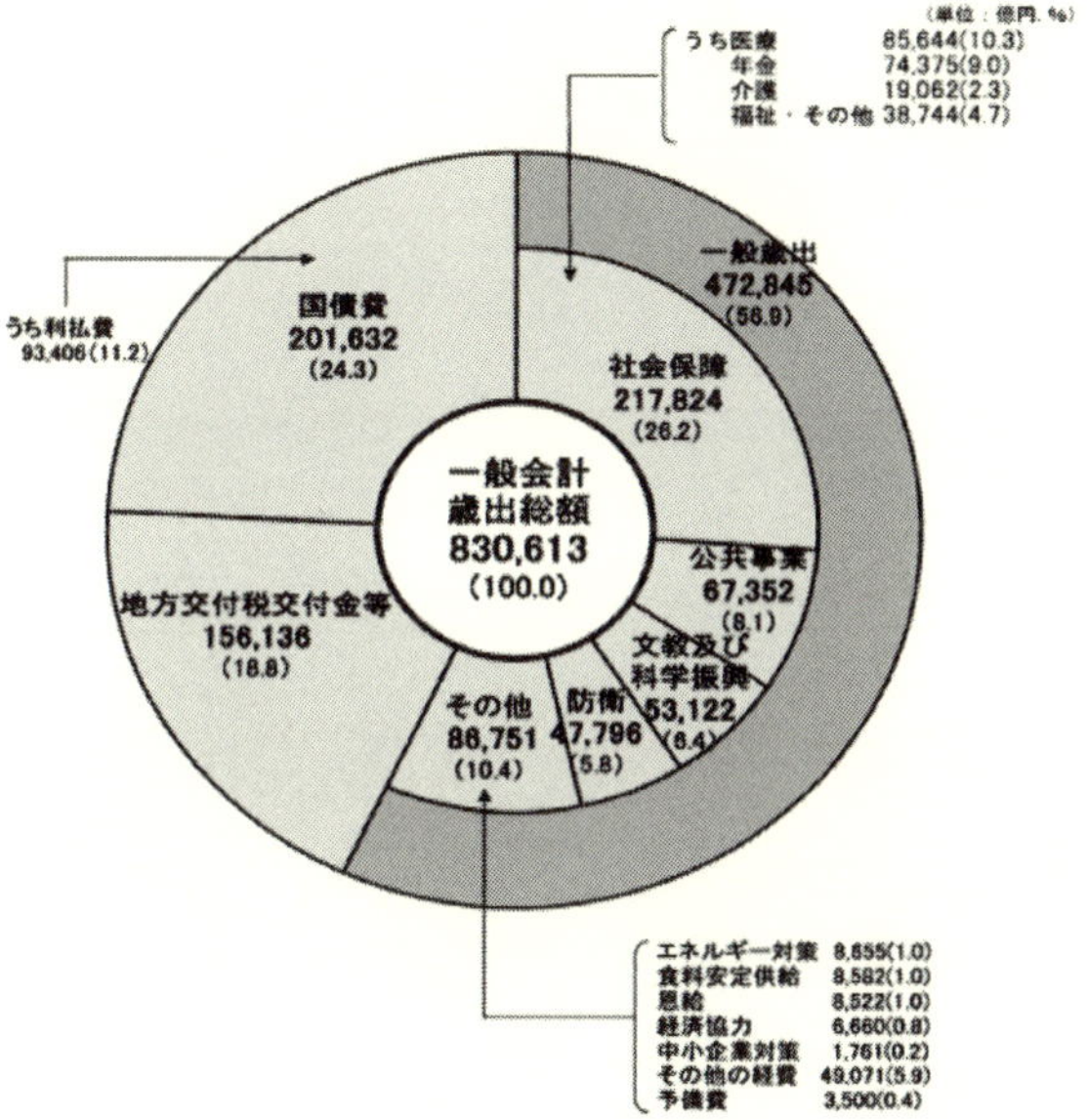

構造になったのである。

学校教育の新しい次元に向けて

最後は少し暗い話になってしまったが、しかし教育改革は進めていかなければならない。課題はたくさんある。今までどうしても議論が学校本位になっていたのではないか、子ども本位にスタンスを変えていかなければならないのではないか、といったこともあれば、「地方分権」ということ、学校のマネジメントを改革すべきではないか、といったようなこともある。

そういったことは全て一つ一つ取り組んでいかなければならないが、そのためにも、今我々が置かれている状況をあらためて確認をしておく必要があるだろう。教育が今後ますます重要になってくるということ自体は、誰も否定しない。他方で、子どもたちを取り巻く環境が変化するなどして、教育というものが非常に厳しい時代になってきているという状況がある。

地域の状況、あるいはゲームやパソコン、アニメなどの状況は、大人たちが、子どもたちから勉強やさまざまな体験をする時間や機会を奪っているという面がある。家庭や地域の教育力、さらには企業の教育力というものが低下している中で、学校に期待が高まっているのだが、それだけに期待が裏切られる事例が生じたときには、やはりそれに対する失望、危機感も非常に大きなものとなる。その結果、教師や学校に対する信頼が揺らぐことになる。

現在の学校に対する不信感というのは、かなり煽られすぎの面もあるだろう。我が国の学校教育が極めて高い水準にあることは、世界的に認められている。しかし、それはあくまで現在までの状況であって、今後見込まれる環境変化の中で、日本の学校教育システムはこれからも本当に大丈夫なのか、ということについては、やはり真剣に考える必要がある。

繰り返しになるが、学校の役割には限界がある。子どもたちは、教育をしなくても、テレビを見ながら学習をし、あるいは親の姿を見ながら学習をする。学校は子どもの生活のごく一部でしかない。

我が子のためによい教育を受けさせたい、というのは、世の親の昔からの、古今東西を通じて変わらない願いである。しかし、最初に今後一〇年間に見込まれるさまざまなトレンドについて述べたが、これらをみれば、今日もはや「我が子」だけがよかれ、というわけにはいかなくなっているということがわかる。学校だけに限らず、かつ「よその子」たちのことも含めて、みんなのためによい環境をつくってあげることが、「我が子」にとって必要である。これは、何も昨日今日始まったことではないが、これからますますそういう流れになっていくだろう。

子どもたちがさまざまな問題を抱え、夢をもてないのは、子どもたちにとって住みにくい世の中を作ってしまっている、そして子どもたちが目標にできるような生き方のできない大人の責任でもある。アフガニスタン問題から秋葉原の無差別殺人まで、いろいろな事件の背景や影響を考えてみても、世の中全体をみんなの力でよくしていくということがないと、自分の子どもの幸せも、住みよい環境も作れないということではないだろうか。学校は、そのような取組みの中核として、大きな役割を果たす可能性を持っている。

私たち行政としても、そのような視点を持って取り組んでいきたいと思っている。

注

＊1　http://www.mext.go.jp/a_menu/keikaku/index.htm

＊2　http://oberon.sourceoecd.org/vl=2590371/cl=19/nw=1/rpsv/trendsshapingeducation2008/index.htm

＊3　Trends in International Mathematics and Science Study. 国際教育到達度評価学会（ＩＥＡ）が昭和三十九（一九六四）年から継続的に実施している国際数学・理科教育動向調査。

＊4　Programme for International Student Assessment. ＯＥＣＤが実施している生徒の学習到達度調査。

＊5　非労働力人口のうち、年齢十五歳〜三十四歳、通学・家事もしていない者（学籍はあるが、実際は学校に行っていない者、既婚者で家事をしていない人を含む）をいう。

合田隆史（聞き手　関根秀和）

関根：現在、合田先生は総括審議官という立場で、高等教育のさまざまな政策を生み出していく中心的な取りまとめの役割をなさっておられます。そういう立場で、初中教育の現場に立ってそれぞれの取り組みを進めている教員一人ひとりに対して、どういう期待をかけているのか、それをいくつかの角度から解説していただけますか。

合田：それについてはいろいろな考え方があると思います。もしあえて一言で言うとすると、学校の先生方というのは、今までのように、自分の専門性だけで勝負をするというよりも、さまざまな専門性の中から、子どもを中心に必要な専門性を引っ張ってくる、そういうつなぎ目のような役目を果たしていくということが、これから大事になっていくのではと思っています。それは、その地域にいろいろなボランティアの方々がおられたり、あるいは専門的に大学の先生もあるかもしれませんが、専門的にリソースがあったり、いろいろするわけですね。

子どもたちが抱える問題も非常に複雑になってきていて、さまざまな子どもたちが、いろいろな問題を抱えていますから、学校が、それを全部抱え込むったって、そうはいかない。そうはいかないが、では、それはもう親の責任だと突っぱねてしまっても、しかし、きちんと、そういうカバーができるような家庭ばかりではない、そうだとすると、そこは、やっぱり社会が今持っているツールとしては学校しかない。学校が、そういうそれぞれの子どもたちをよくみて、この子にとって、どういうサポートが必要かということを見極めて、そういうサポートに、その子をつなげてあげるといったような役割になっていくことが必要だというふうに、学校や教師というもののコンセプトを変えていくということが必要なのではないかなということを、このごろ考えております。

関根：先生のお話の中では、学校教育というものに対して「期待」と「信頼」という二つの言葉を並べられています。その「期待」と「信頼」について、そこでの意味合いの違いなどで私たちに必要なことがあれば、お話ししていただけたらと思います。

合田：学校に対する期待というのは、もうとにかく、ありとあらゆることが期待されて、もう本当に学校の先生たちは大変だと思いますね。勉強をしっかりやってもらわないといけない、しかし、しつけもやってもらわないといけない、さらに、子どもたちの栄養まで考えてもらわないといけない。もういろいろなことがあって、ありとあらゆる期待が学校へ重なってくると、それは、もう裏返していうと、ほかの社会のいろいろな立場の人たちが、自分たちの教育機能について自信を持てなくなっているから、従って、学校だけが頼りだと、その大変だということは、よく分かっているのだけれども、やっぱり学校に頑張ってもらうしかないという、そういう意味で、いろいろな期待が来ていると。

ところが、それでは、その学校を信頼をしているかということになりますと、これは二重の問題があって、このごろの学校の教師はどうかというふうに聞くと、多くの人たちは、どうもこのごろの教師はおかしいのではないかと、サラリーマン化していたりとか、社会的な力、人間関係をつくる力、コミュニケーション能力とか、あるいは精神的な強さとか、そういったものがないのではないかとかと、いろいろとおっしゃります。

では、自分の子どもが通っている学校はどうかとか、あるいは、自分の教わった先生はどうかとか、そういう話になると、結構、いやいや、なかなかみんないい先生だというふうに実は思っていらっしゃると、従って、その信頼感があるかないかということについては、その問われる文脈によって、かなり主観的に判断がぶれるということはあるのではないでしょうか。ただ、やっぱり、一般的な傾向をいえば、当然その期待水準が上がれば上がるほど、期待している割りには、その期待しているほどのことをやってもらってないなという感覚に、どうしてもなってしまうようです。
だから、そこはちょっとつらいところがあって、従って、少なくとも現時点では、実力とそれに対する社会的な信頼というのが、少し見合っていないなと、ちょっと可哀想だなという感じがしているということですね。

関根：先生は、学校教育の中で持っていたものの周辺化ということをおっしゃっています。それに関連していくことですが、学校教育をもっとスリム化していくという方向性について、何かお考えがありましたらお願いいたします。

合田：これも多分、皆さんご記憶だと思うんですけど、一時期、学校がなんでもかんでも抱え過ぎだと、もっと手放せと、学校は学校でしかできないことに集中すべきだということが言われて、その文脈で、例えば、土曜日は子どもたちを家庭や地域に帰すと、部活動なんかも、それもできるだけ子どもたちを帰して、そしてその地域でやってもらうといったような方向に、かなり舵を切った時期があるんですね。
ところが結局、そういう家庭や地域が教育力をなくしていくわけです。そういう大きな流れの中で、手放しで学校が子どもたちを外へ出してしまった。その結果、学力は落ちるし、子どもたちがいろいろな問題を抱えたときに居場所がないといったような状況が起きてしまった。従って、何か今は、どちらかというと今度は、逆に学校が抱え込まなければいけないというような、そういうプレッシャーになってきてしまっています。

しかし結局また、もう一遍抱え込むというのでは、これではやはり問題は解決しないでしょう。従って、冒頭に申し上げたことに戻ってくるのですけれど、学校が完全に手放してしまうのでは、多分、子どもたちは、だれからもサポートを得られない状況になってしまうので、かといって自分で学校が自前でやるというわけにも、なかなかいかないので、従って、学校がいろんなサポートを学校が中心になって、つなげてあげて、そういう人たちにきちんと手渡しをしてあげるというコーディネーションというか、コネクションというか、そういう役割を果たすことでもって、その自前でやらなければならない部分は、ある程度、特化する、集中をするといったような工夫をしていくことが、どうしても必要になってくるのではないでしょうか。そのためには、やっぱり条件整備も必要なので、それは行政としてきちんとやっていかなければいけないのかなという感じがしています。

関根：先生のお話の中にも出てきましたが、道徳教育というものを進めていくとなると、その手掛かりとなるものはどの辺りにあるのでしょうか。またどこから手をつけていったらよいのでしょうか。

合田：この道徳教育の話って、すごく難しくて、何と言うのでしょう、一つの正しい答えというのは、なかなかないと思うんですね。ただ、先ほどのお話との関連でいえば、確かに、青少年の非行というのは、少なくとも刑法犯に関する限り件数的には非常に減っているというのは、そのとおりなのですが、その一つには、ちょっと理解のできないようなケースというのが気になります。つまり非常に貧しくて盗んでしまったとか、あるいは、非常に暴力的な環境の中で粗暴な犯罪を起こしてしまったとかということではなくて、何か突然、一見わけもなく、もちろん実はいろいろとわけはあるのですが、一見わけもなく反社会的行為をしてしまうといったようなことが起こっていて、なぜだろうということで、みんな戸惑っているという面があるのではないかと思うんです。そういうことも「道徳教育」の問題にされている面がある。

確かに、きょう鳥居先生からお話があったように（第一章参照）、昔から機能してきていた、そういう一種の社会的な規範の維持装置、例えば、剣道を通じて学ぶとか、あるいは、隣近所の目があって悪いことができないとか、そういったような規範維持装置が壊れてきていると。

それでは、それに代わる何らかの装置が育っているかというと、それもないのです。家庭でそういうものをきちんと教えられているかというと、これもやっぱり昔と比べると、やっぱり不安だということになる。そこはやっぱり考えていかなければならない。しかし、これも多分、学校で、これはいいことです、これはいけないことですと、教えてあげれば済むという問題では多分なくて、子どもたちに、どうやったら、そういう環境を用意してあげられるだろうかということを含めて考えていかなければいけないのかなというような気がしています。

第三章　学校教育評価の動向と課題

木村孟

私と「評価」

私にとって「評価」は、ある意味、運命的なものである。私が初めて英国へ行ったのは一九七一年で、二年ほど研究生活に従事した。

そのころの英国は、大変な不況の時代であり、炭鉱が民営化されるといったことなどで、英国中が非常に荒れていた。英国人自身が自信をなくしており、「もうこの国は終わりだ」などと言う人にも多く出会った。

しかし、そのときに私が「おやっ」と思ったのは、英国の社会では、何事についても、厳しく評価がなされるという点である。日常生活においてもしょっちゅう評価が行われる。日本は、ともすると情緒的に物事を判断しがちであるが、彼らはそれをやらない。もちろん情緒的な部分もあるが、とにかく評価した上で、良い、悪いを決めることが普通になっている。

一九六〇年から七〇年にかけての非常に苦しい時代、国の経済が、今の日本など比較にならないぐらいひどかった時代に、ほとんどの人が反対したにもかかわらず、北海の油とガスを掘ることを決断した。掘るべきか否か、一部の人たちがきちんと評価をした結果である。その評価は、油とガスが出るかどうか、出たとすれば何年ぐらい後に英国の経済が好転するのか、何年ぐらいそれが続くのかというようなことなどさまざまな点に及んだと聞く。

一般国民からはいろいろ反対があったが、やっている当人たちは非常に自信を持っていた。私自身は、本当に油やガスが出るのか、そんなに彼らの言うとおりになるのかと半信半疑であった。しかし、間もなく油もガスも出て、英国の経済は見事に立ち直り、債務も日本がＧＤＰの一六〇％近くを抱えているのに対し、英国は七〇％以下になっている。

どうしてそのようになったのか。それはやはりきちんと一つ一つのことを評価をして、情緒的に流されないということを英国がやってきたからであろう。私はそのときから「評価」というのは極めて大事なことなのだと思うようになった。

東京工業大学の学長を退き、大学を退官して、「学位授与機構」に移った。当時は、「大学評価」

という名称は付いておらず、生涯学習の支援をする平和な機関であった。平成三年に、学士が学位として認められたが、防衛大学校、海上保安大学校、水産大学校、気象大学校などのいわゆる省庁大学校は、文部省傘下にないため、自分達で学位が出せないという事態に直面した。学士が学位でないときは、それほど問題は深刻視されていなかったが、学位が出せないというのは確かに大きな問題である。ということで、警視総監を務められ、当時の防衛大学校の校長であった土田さんが、政府に働きかけられて創設されたのが学位授与機構である。学位授与機構の創設によって、省庁大学校の教育内容をチェックし、大学相当の教育機関であることが認められれば、卒業生に対して、学位授与機構の名前で学位を授与するシステムが確立した。

ところが、それまでは非常に平和な機関であった機構に対して、一九九九年に突然、大学評価の業務を付加するという決定がなされた。そのときに私は非常に運命的なものを感じた。「評価」というものが極めて大事なものだということは、先ほど述べたようにかなり以前から感じていた。日本でも、もっとすべてのことについて評価をする習慣を確立すべきだということを、いろいろな機会に話をしてきていたが、しかしそれが自分の身に降りかかって来ようとは夢想だにしていなかった。

アメリカにおける認証評価の実際

最近、高等教育の分野で始まった評価が、学校評価にまで下りてきているが、ここでは、その辺りのことについて話をすることにしたい。

アメリカでも最近は小学校、中学校のレベルについての学校評価を行い始めたようであるが、高等教育、つまり大学レベルの評価では大先進国である。十九世紀の終わり頃から評価を行っている。評価といっても、英国式の評価ではなく、適格認定つまりアクレディテーションである。

アメリカでは適格認定評価を百年以上行ってきているが、最近これに対して、各方面から非常に大きな批判が寄せられ始めている。アメリカではご承知のとおり、高等教育といえども州単位で行うので、教育のやり方がそれぞれ州によって異なる。ところが、最近それでは駄目だということで、連邦政府がエデュケーション・コミッションという審議会のようなものをつくった。いわゆるスペリングス・コミッティである。このコミッティは数多くのレポートを出しているが、ここで述べていくのは、その五番目のレポートについてである。評価は何のためか、誰のためかということが、はっきりと打ち出されているのでここで取り上げるわけである。

まずアクレディテーション、すなわち評価の目的であるが、まずはコンシューマー・プロテクション、つまり消費者の保護だということである。消費者——ここでいう消費者というのは、学生あるいは学生のためにお金を出す保護者と考えればよい——、を、まず保護することだということである。

なぜそうでなければならないか。一般大衆はポスト・セカンダリーインスティテューション、つまり大学のすべての面について調査できるわけではない。例えば、最近盛んに話題になっているのが、ディプロマミル、ディグリーミル、いわゆる学位工場——ＮＨＫが妙な翻訳をしたので困っているが——である。つまりお金さえ払えば学位が取れるという、主としてアメリカ発のとんでもない機関が跋扈しているが、そういう機関と、きちんと正しく教育をやっている機関とを区別するために、唯一頼りになるのがこの評価のはずだ。したがって評価がきちんと機能しないと、コンシューマー・プロテクションはできないのだということである。

同じようなことだが、パブリック・インタレスト、つまり、国民、大衆の利益も尊重されなければいけない。パブリック・インベストメント、つまり国民の税金が教育に使われているので、その点でも国民の利益が守られなければならないのであり、それを保護するのが評価であると、報告書は言っている。

それから、もう一つ大事なことは、一般国民は各教育機関が提供している教育の質について知り得なければならないという点である。

つまり、まず消費者保護、それから、国民が税金を払っているのだから、それをきちんと使っているか否かという点が二番目、三番目は、提供される教育の質が良いかどうか、それらを国民は知る権利があるということである。正しい評価というものは、これらのすべてに応えるものでなければならないと、こう述べられている。

閉鎖的な社会——教員の流動性について

長い間、日本にはこのような考え方はまったくなかった。大学は極めて閉じた社会であった。外部から一切、手を触れてはいけないもの、つまり「象牙の塔」という言葉に象徴されるものであった。驚くべきことにこれと同じことが、高等学校にも、中学校にも、小学校にも当てはまった。これほどまでに、日本の教育の世界は、非常に閉じた社会となっているのである。このように閉じた状態になっているのは、教員の流動性が非常に少ないということに起因するだろう。この教員の流動性というのは、学校から学校への移動という意味ではなくて、異なった職業との流動性という意味である。

私が最初に英国に長期滞在した時のことである。ある日突然、教員養成カレッジから電話がかかってきて、「今度、我々の会合をやるので出てくれないか」という依頼を受けた。小・中学校の地理、日本でいうと社会科であるが、それを教える先生方の集まりということであった。

会合に出て驚いたのは、そこに出席している先生方の半分以上が、ほかの職業を経験していたことである。最初はほかの仕事に就いていたが、先生という職業に興味を持って教師の道に移ったという人が多くいた。英国は、最初に教員になるために、教員免許状は要らない。新人教員はイニシャルティーチャーというが、これになるための免許状は不要である。しかし、そのままだと、給与が増えないのでステータスを上げるべく努力する。そういうシステムであるから、職業としての流動性が増えるのである。したがって人間としての幅が広い人が多い。また、流動性が高いこともあって、学校が非常にオープンになっている。

それに比べると我が国では、先生方、あるいは学校関係者の職業流動性が低く、それゆえ、極めて閉じられた社会になってしまっているといえる。

認証評価制度の導入をめぐって

本題の学校評価についての話に入りたい。先ほど、アメリカにおける大学評価に対する最近の批判について紹介した。日本でも最近、評価が急速に進展し始めている。大学に関しては、平成三年に当時の大学審議会が自己評価の必要性を打ち出し、それから十三年経った平成十六年に認証評価制度が導入された。

それに対して、小学校、中学校、高等学校に対しては、平成十四年の四月に設置基準が変わり、自己評価の実施とその結果の公表が努力義務化された。自己評価をやりなさいということである。自己評価とはどういうものなのか、これについては後述するが、自己評価を実施し、そしてその結果を公表するということになったのである。しかし、これは義務ではなく、努力義務とされた。ここが微妙なところであり、要は、出来ればやってくださいよ、ということである。

それから五年経った平成十九年の六月に、学校教育法の一部が改定され、学校評価を行い、その結果に基づき学校運営の改善に向けた措置を講ずること、そして学校運営の状況に関する情報を積極的に提供することが規定された。かなり急ピッチで事が進められたことになるが、これについても後述したい。

同じ年の十月に再び学校教育法が一部改正され、それを受けて学校教育法施行規則があらためてつくられた。そこでははっきりと自己評価の実施公表の義務化が掲げられた。「努力義務化」の「努力」という文字が取れたわけであるが、これは極めて大きな変革である。「努力」というのは、やらなくても許されるが、「義務化」は必ずやらなければいけないからである。

二番目に、学校関係者による評価の実施、公表が努力義務化された。これはまだ「努力義務化」の段階である。三番目に、評価結果の設置者への報告が義務化された。これは「義務」である。この点は極めて微妙な表現であり、読むときに気をつけなければならない。

学校関係者評価――これも後で定義する――については公表も含めて努力義務化されたことになる。ここはまだ義務化されてはいないが、評価をしたら設置者へ必ず報告すること、つまり教育委員会、あるいはその監督者である都道府県、市区町村、そういうところへ報告するということは義務化されたのである。

学校評価の目的とその実施について

具体的にどのような法律になったかというと、次の通りである。法律文では「小学校の」と書かれているが、ここのところは、中学校、高等学校と読替をすることになっている。「文部科学大臣の定めるところにより当該小学校の教育活動、その他学校運営の状況について評価を行い、その結果に基づき学校運営の改善を図るため必要な措置を講ずる」と規定されている。ポイントは、評価は学校運営の改善のためであるという点にあろう。

評価の目的は二つある。一つは判断。つまり大学でいうと、あの大学はきちんと教育をやっているか、きちんと研究しているか、どういう先生がいるかなど、そういう判断をするための材料を提供するというものである。もう一つは、改善である。評価の結果、先ほど述べたクオリティー、つまり質をよくするということである。まず評価を行う。評価を行うということは、判断材料を提供することであるが、最終的には、その評価の結果に基づき学校運営の改善が図られる。そういうことが法律に書かれたのである。

次に第四三条であるが、ここには「小学校に関する保護者及び地域住民、その他の関係者の理解を深めるとともに」とある。ここが大事なところである。学校というのはコミュニティーの中心であるべきであるが、戦後、この点がおかしくなっているということで、まずは保護者、地域住民、そしてその他の関係者の理解を学校の運営に関して得なければならないということをここではっきりと述べている。そのためには、閉鎖的な学校では駄目で、教育活動、その他の学校運営の状況に関する情報を積極的に提供しなさいと言っている。要するに第四三条は、開かれた学校にしなさいという趣旨を述べたものである。

施行規則の方は、実際にどうやるかということについて、もう少し詳しく述べたものとなっており、第六六条では、小学校の教育活動、その他の学校運営の状況について、自ら評価、つまり自己評価を行い、その結果を公表するものとするとしている。

平成十四年に学校評価についての提案が出された時は、自己評価をすることも公表も努力義務化であった。その後「努力」という二文字が取れて、はっきりと、自ら評価したその結果を公表するものとすると言い切ったのである。

小学校に関しては次のような記述がなされている。すなわち「当該小学校の児童の保護者、その他の当該小学校の関係者による評価を行い、その結果を公表するよう努めるものとする」。これは先ほどの自己評価とは異なる。最初に定義されないので、少し分かりづらいが、自己評価は先生方、学校の中にいる人たちが自分のことを評価するものであり、学校関係者評価は、学校に関係している人、すなわち保護者、地域住民などが評価をするシステムである。学校関係者評価の結果の公表は、いまのところ義務化されてはおらず、努力義務である。これに対して自己評価の方は義務化されている。

しかしながら、自己評価と同時に、学校関係者評価を行う場合もあるものと考えられるが、評価を行った場合には、その結果を、小学校であれ、中学校であれ、高等学校であれ、設置者に報告することが義務とされているので、学校関係者評価も公表される可能性がある。このあたりの関係は、少し複雑である。

三種類の評価——自己評価・学校関係者評価・第三者評価

まず、最初に定義をしておかなければならない。評価には、自己評価と学校関係者評価と第三者評価、この三つがある。評価のシステムは大変複雑であり、大学の先生方もまだきちんと理解しておられない方が多いようであるが、自己評価というのは、各学校の教職員が自ら行う評価である。

次に、学校関係者評価というのは、先にも触れたように、保護者、地域住民等の学校関係者などにより構成された評価委員会が、自己評価の結果について評価することを基本として行う評価である。したがってまず自己評価が先に来る。これについては既に述べたように義務化されている。次に、文部科学省としては、もう一歩進んだ体制を構築することを考えた。つまり義務化された自己評価をもとにして、学校に関係する人たちで構成された評価委員会が評価する、学校関係者評価を導入したのである。

第三者評価というのは、学校と直接関係を持っていない外部の専門家などによる客観的な評価である。今、大学が受けている評価は、この評価である。

大学については、第三者評価の段階まで来ている。自己評価から始まり、小、中、高における学校関係者評価と似たような評価の段階を経て、第三者評価に到達したのである。大学に対しては、これが義務化されている。

これに対して学校の場合は、一番目の自己評価は義務化され、二番目の学校関係者評価は努力義務化されているが、第三者評価も、おそらく将来、実施されるものと考えられる。ということで、ここで採り上げることにした。

自己評価、その結果を改善に生かす

平成十九年の六月に学校教育法が一部改正された。それを受けて、文部科学省は直ちに自己評価に関する通知を出した。平成十九年十一月のことで、極めて急ピッチであるといえる。平成十四年に自己評価の努力義務化をし、平成十九年の六月にそれを義務化して、平成十九年の十一月に、通知を出したのである。

規定の概要であるが、小学校は当該小学校の教育活動、その他の学校運営の状況について、自ら評価を行い、その結果を公表するものとしたと記述されている。これと同じことは先ほどの法律にも書かれている。その次が大切な点であるが、小学校は自己評価を行うに当たっては、その実情に応じ、適切な項目を設定して行うものとしたとされている。これは、それぞれの小学校の歴史であるとか、それを取り巻く環境、あるいは、その小学校が存在する地域の状況、そういったものなどを勘案して評価項目を決めなさいということを意味している。この点については、大きな裁量権が与えられている。

次に、留意事項についてである。これはそれほど大きな意味を持つものではないが、改正法の公布の日が平成十九年六月二十七日、ここから六カ月を超えない時期、つまり平成十九年の十二月二十七日までに、この省令に基づく学校評価を実施すべしとされている。文部科学省が、かなり急いで学校評価を実施しようとしている様子が読み取れる。

自己評価の実施についてであるが、ここでまた大切なことが述べられている。自己評価を実施し、その結果を取りまとめるに当たっては、評価結果を分析し、分析の結果を踏まえて、今後の改善方策について検討することと記述されている。評価を行うだけでなく、その評価の結果に基づき、どこに問題があり、どこを改善したらよいのか検討せよと言っているのである。

この辺りに、ＰＤＣＡ（Plan, Do, Check, Action）サイクルの導入を重要視している文部科学省の意図が窺える。先ずプランを立て、それを実行に移し、その結果をチェックし、さらにその結果をアクションに結びつけるサイクルを導入することが大切であると言っている。日本の一つの特徴になっているやりっ放しでは駄目だということである。この点については再度最後で述べることにする。

次に、自己評価の結果の公表と公表内容についてであるが、これは、今紹介したことと同じである。評価の結果及び、その分析に加えて、それらを踏まえた今後の改善方策についても併せて公表しなさいと言っている。検討するだけではなく、評価をするだけでもない。その結果に基づいて改善策を検討せよとした上で、その結果も出しなさい、と言っているのである。

二番目の自己評価の結果の公表方法については、当該学校の幼児・児童・生徒の保護者に対して広く伝えることができる方法によるのが望ましいということがいわれている。例えば「学校だより」に掲載するとか、ＰＴＡ総会等の機会に保護者に対して説明を実施するというようなことをやりなさい、ということである。

さらに、学校のホームページに掲載したり、あるいは地域住民等が閲覧可能な場所に、その結果を掲示するなどし、保護者のみならず広く地域住民、あるいは全国の国民に向かってメッセージを出しなさいということも、文部科学省は言っている。つまり三点セットで評価をし、評価の結果を改善に生かし、そしてその評価の結果を全て世の中に出しなさいと言っているのである。

学校関係者評価、その体制の整備に向けて

次は学校関係者評価である。この学校関係者評価というのは、前述のように学校に関係する人、すなわち保護者、地域住民、そういう人による評価である。学校関係者評価の実施及び公表に取り組むことが求められるとあるとおり、これはまだ義務化されてはいない。そして、教育委員会等の学校の設置者においては、今後すべての学校において学校関係者評価の実施及び公表に向けた取り組みが進められるよう、十分な指導等をするように、ということも言われている。

この学校関係者評価、すなわち学校の関係者がする評価については、どういう人が評価委員会のメンバーになるかということまで触れられている。「ア、評価者に当該学校の幼児・児童・生徒の保護者を含めることが適当である」。これはいわゆるコンシューマー（顧客）のことであり、当然の

ことであろう。

そして、評価者としては、この保護者のほかに、当該学校の教職員を除き、当該学校の運営やその幼児・児童・生徒の育成にかかわりのある者など、当該学校と直接関係のある者とすることが適当であるということ、さらに直接自分の子どもが、その学校に行っていなくても、学校運営に関係する人、そういう人たちも入れるべきだとしている。

さらにそのほかに有識者、大学教員等の当該学校と直接の関係を有しない有識者も加えることもよい、ということも述べられている。まとめると、幼児・児童・生徒の保護者はもちろん、直接学校の運営にかかわる人、さらに大学の先生等の有識者、こういう人たちで評価委員を構成しなさいということである。

具体的に学校関係者評価を実施するに当たって、どういうことを行ったらよいかということについても述べられている。これが大学であれば、そこまで言う必要はないのであろうが、初中教育の世界においては、細かく説明していく必要もあると考えているのであろう。

この保護者の項目には「学校関係者評価を行うところの体制を整備する」という箇所もあるが、これは、評価委員会をつくりなさいということである。

次に大事な点は、学校関係者評価を実施するにあたり、その評価活動の一環として、評価者による授業など教育活動等の観察や校長など教職員等との意見交換を行うこと、などが勧められていることである。

また、一番最後に、保護者等を対象とするアンケートの実施のみをもって学校関係者評価を実施したとみなすことは適当ではないと記されている。これも大事な点である。現にこういう学校がたくさんあるようである。つまり、アンケート調査だけを行い、その結果を公表して、評価をしたと考えている学校があるということである。アンケートの実施だけでなく、実際に保護者、あるいは学校関係者による授業参観を行い、極端にいえば授業評価、そこまでやりなさいということである。さらに、校長など教職員との密な意見交換、そういうものも実施しなさいということも言っているのである。

学校関係者評価を実施し、その結果を取りまとめるに当たっては、また先に述べたように、評価結果及びその分析に加えて、学校においてそれらを踏まえた今後の改善方策について合わせて検討することが適当であるとされている。この、改善方策というのがポイントである。最後のところで今一度、これに触れよう。

なぜ急ピッチで導入されたのか

ここで、今まで述べてきたことをまとめておこう。極めて急ピッチで、学校評価のシステムが導入されることになったのだが、大学については、平成三年に自己評価が提案され、実際に評価が実施されるようになったのが、平成十六年で、その間、十三年間という期間があった。

ところが、小学校、中学校、高等学校における学校評価については、平成十四年四月に初めて自己評価の努力義務化が提案され、そして平成十九年の六月、直ちに学校評価を実施せよという通達が出された。そして、平成十九年の十月に、施行法に、自己評価の実施、学校関係者評価の実施、公表の努力義務化、評価結果の設置者への報告が規定されたのである。

それから一カ月後の平成十九年の十一月に、文部科学省通知が出されて、これらのことすべてを学校に導入することとなり、平成十九年の十二月二十七日を施行日と定めた。極めて急ピッチで、評価が学校の中に入ってきたことが分かる。

それは何故か。冒頭に述べたように、やはりコンシューマー、つまり学ぶ子どもたち、あるいは子どもたちを学校へ送る親たちのためを考えたということである。それから、税金を使っている以上、学校が全ての面で、きちんとやっているかどうかをチェックすべきであるという国民の声が大きくなったということもあろう。

次頁の**資料1**は今まで述べてきたことを、まとめたものであるが、一番外側に第三者評価というものがある。これは、小学校、中学校、高等学校おいては、未だ実施されていない。次にあるのが学校関係者評価で、努力義務化となっている。一番中にあるのが自己評価で、これはすでに義務化

資料1　学校評価の実施手法

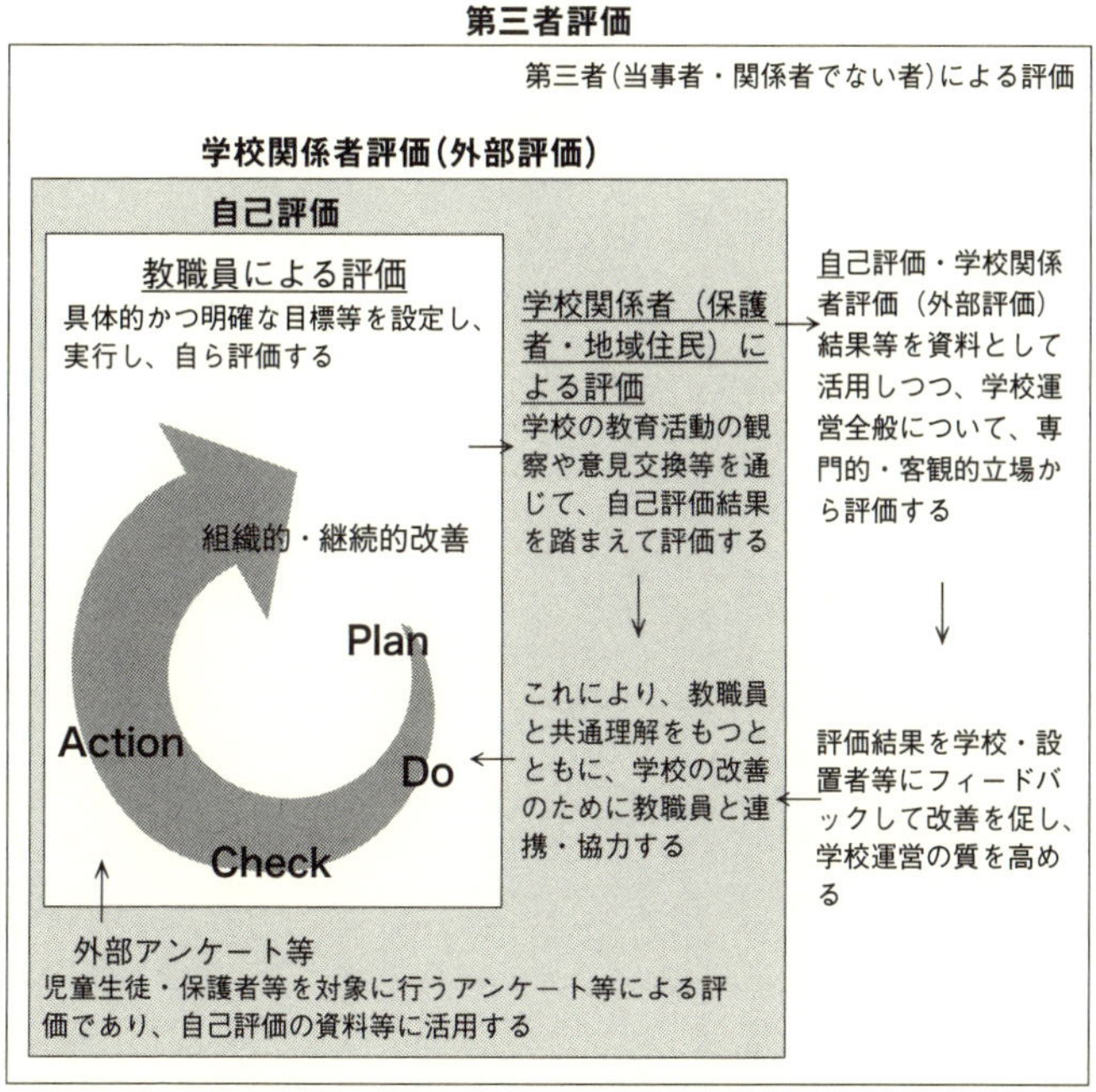
第三者評価
第三者（当事者・関係者でない者）による評価
学校関係者評価（外部評価）
自己評価
教職員による評価
具体的かつ明確な目標等を設定し、実行し、自ら評価する
組織的・継続的改善
Plan
Do
Check
Action
学校関係者（保護者・地域住民）による評価
学校の教育活動の観察や意見交換等を通じて、自己評価結果を踏まえて評価する
これにより、教職員と共通理解をもつとともに、学校の改善のために教職員と連携・協力する
自己評価・学校関係者評価（外部評価）結果等を資料として活用しつつ、学校運営全般について、専門的・客観的立場から評価する
評価結果を学校・設置者等にフィードバックして改善を促し、学校運営の質を高める
外部アンケート等
児童生徒・保護者等を対象に行うアンケート等による評価であり、自己評価の資料等に活用する

されている。全体的な状況はこのようになっている。

それから、一番下のところに「外部アンケート等」とある。アンケートについては、それだけを実施して評価をやったとみなすことはできないということは先に述べたとおりであるが、決してアンケートをとることがいけないと言っているわけではない。児童、生徒、保護者等を対象にアンケートを実施し、その結果を、自己評価の資料などに活用するのは望ましいことであるとしている。

これら学校評価の目的は、これまで述べてきたことを総括すると、各学校が自らの教育活動、その他の学校運営について組織的、継続的な改善を図ることである。外国では、どちらかと言うと、評価の実施そのものに重点が置かれ、公表された結果に基づいて、国民が判断をするというシステムになっている。これに対して、日本の場合には、組織的、継続的な改善を図ることに重点が置かれている。このようなやり方は、日本の特徴であると考えられる。評価を評価だけに終わらせずにＰＤＣＡサイクル、すなわちまず目標を定めて、それを実行し、その結果についてチェックをし、改善に繋げていこうとするのが、日本のやり方である。

さらに、設置者が学校評価の結果に応じて、学校に対する支援や条件整備等の改善措置を講じること、教育水準の保障、向上を図ることなどが必要であるとも言っている。評価の結果を設置者に渡せと言っているが、評価結果には設置者に対するさまざまな注文も記述されており、そういうものを参考にして、設置者は、学校に対する支援、あるいは条件整備等をやりなさいということを言っているのである。

たえず見直されるべき評価基準

さて、次に評価の課題についてである。現在、日本には国公私立全て含めて七〇〇以上の大学がある。平成十六年から、このすべての大学が認証評価を七年に一度受けることが義務化された。これは努力義務化ではなく義務化である。

この認証評価を行う機関は、これまで三つの機関が認証を受けている。私の所属していた大学評価・学位授与機構、それから大学基準協会、さらに、日本高等教育評価機構の三つである。大学評価・学位授与機構は、現在は独立行政法人であるが、もともとは国の機関であった。

また、大学基準協会は、非常に古い協会であるが、中心的な大学は、歴史の長い私立大学、即ち早稲田、慶應などである。日本高等教育評価機構は、比較的新しい私立大学が中心的な存在となっている。

認証評価については、大学はどの評価機関の評価をを受けてもかまわないシステムとなっている。大学評価・学位授与機構について言えば、その性格から国立大学のほとんどがここで評価を受けている。一校だけ例外があるが、それ以外の全ての国立大学が、大学評価・学位授与機構で認証評価を受けている。私立大学は、ほとんど来ていないが、大阪女学院大学が当機構で評価を受けるべく申請をされている。大歓迎したい。

今まで私立大学で当方に来られたのは大妻女子大学だけである。大妻女子大学は、非常に意欲的な大学であり、多摩に素晴らしいキャンパスをつくって頑張っておられるが、非常によい評価結果を得られた。私立大学としては、大阪女学院が第二番目ということで、準備が大変であると思うが、当機構で認証評価を受けていただくということは、機構にとっては非常に有り難いことである。

大学評価・学位授与機構では二〇〇五年から認証評価を行っている。その数は、二〇〇五年、二〇〇六年と、それほど多くはなかったが、二〇〇七年、二〇〇八年には、大変な数の評価を行うことになった。評価が終わると、評価を受けた大学に、評価の基準や評価の方法について、必ず意見を聞くことにしている。大学評価・学位授与機構では非常に多くの評価基準を設けているので、その妥当性について、評価を受けた大学に意見を聞くということは、機構にとっても絶対必要なことだと考えている。

これまで、「この評価基準はおかしい」、「評価基準にダブりがある」、「この評価については非常にやりにくかった」などといった意見が出ている。機構としては、それらを参考にして、次回の評価のためのに新たな評価基準をつくり直すということをやらなければならない。そのようにしていかないと評価は進化していかないのである。アメリカでは最近それができていないために、アクレディテーションに対する批判が大きくなっている。

アメリカでは、様々な事情から最近評価基準をあまり変えていない。その結果、評価が甘くなったと言われている。ということで、スペリングス委員会でアクレディテーションが議題として取り上げられ、大変厳しいレポートが出されたということであろう。いずれにしても、評価というのは進化していかなければならない。そのためにも、そういった意見を聞く機会を設けることは極めて重要なことである。

評価の受容のされ方——アンケート結果から

二〇〇五年と二〇〇六年に、一七の国立の大学、共同利用研究所の評価を行ったが、その後行った意見聴取の結果を紹介したい。出した質問は全部で七〇から八〇ぐらいで、紹介するのはその内の一部である。

まず、評価を行ってどうでしたか、という評価のインパクトについての質問である。評価を受けた結果、貴機関の研究、教育活動の全容を把握することができましたか、というのがクエスチョン1である。

クエスチョン2は、評価を受けた結果、貴機関の研究、教育活動について、将来取り組むべき課題が明らかになりましたか、というものである。この二つの質問に対しては、「強くそう思う」が三六%、「そう思う」が六四%で、この二つを足すと一〇〇%となった。この結果、大学は評価について非常に高く評価しているということがわかる。

次のクエスチョン3は、貴機関の教員並びに事務職員は、自己評価を行う重要性を理解しましたか、というものであるが、「強くそう思う」、「そう思う」と合わせて五〇%台に止まり、「判断できない」という回答が四六%にも上っている。何故このようになったのか。クエスチョン1とクエスチョン2に対する返答は、学部長や学長といった評価に関わった人が自分の考え方を述べたものであり、これに対して、クエスチョン3はこれらの方々が学内の状況について観察した結果、回答されたものであると考えてよい。評価に直接関わる人と、一般の教職員の間に大きな意識のずれがあることが分かる。

次のクエスチョンについても結果は同様である。評価を受けた結果、貴機関のスタッフは研究、教育活動に積極的になりましたか、という質問である。「強くそう思う」、「そう思う」、の二つを合わせても五〇%少しであり、半分ぐらいの人は判断できないと言っている。残念ながら、評価そのものに関して、学長や学部長、評価を担当した人々、そういう人は高く評価しているが、一般教職員はそうではないということである。これは大きな問題として捉えていかなければならない。

次のクエスチョンには肯定的な結果が出ている。評価の結果は貴機関のマネジメントの改善につながりましたか、という質問である。「強くそう思う」、「そう思う」合わせると八二%と非常に高い数字になっている。ここにも、実際に評価に携わった人たちは評価をやって良かったと思っている様子が現れている。

次に、自己評価についてである。評価に際しては、自己評価を必ず行わなければならない。この点は、学校評価も同じであり、自己評価が評価の前提となる。機構の評価では、十一の評価基準に即して評価が行われるが、この評価基準の下に六〇ほどの小項目が設けられている。次のクエスチヨンは、この機構の定めた評価基準に基づいてきちんとした自己評価ができましたか、というものである。これについては「強くそう思う」、「そう思う」という肯定的な答えが九一％であった。「判断できない」という回答が若干あったが、ほとんどの機関が自己評価はきちんとできたと答えている。

次の質問は、一般の人が読んで分かりやすい自己評価書が書けましたか、というもので、これも、「はい」が七三％、「判断できない」が一七％と、ほとんどの機関が自分たちの作った自己評価書に自信を持っている。

三番目の、提出した自己評価書は満足すべきものでありましたかという質問に対しては、「はい」が八二％であった。ほとんどの機関が満足したものが書けたと言っている。しかしながら、この点については若干問題がある。学校評価ではそれほど強く言われていないが、大学の評価の場合は、こういうことをやった、こういうことができたというとき、必ずそれについての根拠データを付けなければならないことになっている。これを根拠資料というが、これがないと、評価員は、それらの記述を正しいこととはみなさない。何か成果を上げたと言うのであれば、その証拠を示さなければならないということである。

根拠資料の重要性

先ほど平成十六年から認証評価が始まったと述べたが、実はその前の三年間、厳密に言うと四年間であるが、機構では、平成十二年から試行的な評価を実施した。行った評価は分野別評価であり、初年度に医学部の教育評価を行った。文科省が六つの大学を選んで、それについて評価を実施したが、京都大学の医学部の教育評価の結果があまり良くなかった。この件は新聞をにぎわせたので、ご記憶の方もあろう。自己評価書では、教育について「こういうことをやった」、「こういう改善をやった」と述べられていたが、評価員からは根拠資料が不十分であるという意見が出た。そこで、評価委員会はもっと詳しい資料を出してほしいとリクエストしたが、評価員が満足できる根拠資料は出てこなかったので、評価結果が悪いものとなったのであろう。このように、機構は、根拠資料というものを、評価の全体システムの中で極めて重要なものと捉えている。

そこでクエスチョンの四番目である。これまであなたの機関で蓄積されていた資料から根拠資料を得ることができましたか、という質問に対しては、「はい」が二八%しかなかった。ということは、これまで学内で、データの蓄積が十分されていないということを示しており、これでは良い自己評価書は書けないと言わざるを得ない。

これも非常に大事な点であるが、評価を受ける目的は、いい評価結果をもらうことにあるのではない。繰り返し述べているように、評価の結果に基づいて改善を行うことである。そのためには、自分たちは何をやってきたかというデータをきちんと揃えておくことが必要である。その点については、伝統的な歴史の長い大学は、きちんとやっているようである。大阪大学もそうであるし、私がいた東京工業大学も、データがふんだんに蓄積されていた。

これまで紹介してきたアンケート調査は、評価を受けた大学に対して行ったものであるが、次に紹介したいのは、自己評価書を評価する評価者に対するアンケート調査の結果である。

被評価機関が提出した自己評価書は分かりやすかったかという質問に対しては、大学側は自分たちでは「分かりやすい」と思っているのに対し、評価者の方は、「強くそう思う」、「そう思う」は半分以下であり、ネガティブな答えもかなり出ている。大学側と評価側では、かなりの認識のズレが認められる。

被評価機関が提出した自己評価書は、機構の評価基準にきちんと対応したものになっていたかという次のクエスチョンに対しても「強くそう思う」と「そう思う」が半分ぐらいに留まっている。大学側は「そうなっている」と考えているが、評価者はそう見てない。ここにも大きなギャップがある。

根拠資料については、大学もやや困っていたようである。評価委員もそのところを見抜いており、提出された根拠資料は適切なものでしたか、という質問に対しては、「強くそう思う」と「そう思う」を合わせても五〇％ぐらいで、ネガティブな答えが半分ぐらいを占めている。

以上は、大学についての状況であるが、ここから、学校の場合、何をやらなければならないかが見えてくる。小学校、中学校等の場合、評価にたいして回答するのは、おそらく校長や教頭、その他評価担当の二、三人の先生であると予想される。学校はスケールが小さいから、ほとんどの先生がこれに関わるということも考えられなくもないが、おそらく実際にはそういうことはないであろう。であるとすると、大切なのは、評価に直接関わった人たちは、大学の場合と同様、評価は非常に効果があると判断すると思われるので、その意識をいかに一般教員にまで広げていくかが重要となるであろう。

また、根拠資料、つまり、これまでやってきたことについてのデータをきちんと整理しておくことも大切である。また、将来はそのような状況になっていくものと考えられるが、評価者と被評価者側のギャップを埋めていく努力も続けていかなければならない。

これに関連して、評価が日本で始まったとき、どういう抵抗があったかということについて、少し紹介したい。ＪＡＢＥＥ（日本技術者教育認定機構）における経験である。この機関は、わが国で最初に分野別評価を始めた機関である。

かなり急いで立ち上げたせいか、最初の二、三年、さまざまな批判が出た。例えば「大学は聖なる場所だ。なぜ評価を受ける必要があるのか」とか「大学は職業のためのキャリア教育をする場所ではない」などというものである。

ＪＡＢＥＥは、技術のプロフェッショナルになるためにどういう教育をしているか、をチェックしており、キャリア教育が、きちんとなされているかというのは重要な視点である。これに対して、大学は職業のためのキャリア教育する場所ではない、研究をする場所だと、こう言っているわけである。極端な批判では、「工学は科学、サイエンスの一部である」というようなものもあった。

また、「評価は規制につながり進歩を阻害する」という批判、さらには「我々の質はすでに十分に高い」というものもあった。容易に想像がつくと思うが、後者の批判は、旧帝大の大学からのものである。ＪＡＢＥＥの評価など受ける必要はないよということである。東京大学はまだＪＡＢＥの評価を受けていないが、アメリカのＭＩＴはＡＢＥＴの評価をすでに受けている。また、「我々は最低レベルの質保証など興味はない」という批判もあった。

進化していくべき評価――これからの課題

さて、このへんでまとめていこう。評価で最も大事なことは、外部の人々による外部評価と内部での質向上の努力をいかに整合させるかということである。そのためには、被評価機関、すなわち評価を受ける機関は、正直な自己評価を行うこと、自分たちのパフォーマンスを正しく示す根拠資料を準備することが絶対条件である。それと、自己評価書の公開である。現在は公開することになっているが、当初は自己評価書は外に出してはならないという大学が多かった。それに対して、機構ではルールを作って自己評価書を公開することを義務化したのであるが、要は自己評価書を公開するということによって大学の自己責任を問うことにしたのである。

また、もう一つ重要なのは、評価機関と被評価機関との絶えざるコミュニケーションである。これも絶対必要なことである。評価を行う評価機関としても、評価方法、評価基準の見直しのため、被評価機関との絶えざるコミュニケーションが欠かせない。先にも述べたように評価基準を常に進化させていかないと、すぐ陳腐化してしまい、アメリカで最近出ている批判が、我が国でも出される可能性がある。

小学校、中学校、高等学校についても同じく言えることであるが、評価をされる機関の伝統、あるいは外的条件に対する考慮も必要である。例えば、旧帝大である東大や京大には、大変な数の教職員がいる。また、研究のリソースも潤沢である。そういうところと、新しい小型の大学を同じ尺度で評価するのは問題である。正しい評価を行うためには、被評価機関の伝統であるとか、外的条件に対しても十分な考慮を払わないといけない。

それから、我々が非常に効果があると思っている仕組みは、次の二つである。被評価機関、評価を受ける機関と評価機関とが、自由に意見を公開できる場としてのシンポジウム等の開催である。

そういう場でお互いに意見を述べ合うことによって、相手が何を考えているか、あるいは、どうしてほしいかというようなことについての相互理解が生まれる。このようなことは、外国においては、あまり行われていない。

それから、もう一つは機構も行っている研修会である。これは、十分に練られたプログラムに基づかないと効果がない。この研修会については機構側も苦い経験をしている。平成十二年に試行評価が始まったときに研修会を行ったのであるが、準備不足のせいもあって、極めて評判が悪かった。それ以来、非常に気をつけている。内部で念入りな打ち合わせを何度も実施し、外部の先生方にも来ていただいて、プログラムを見てもらった上で、研修会を開催している。

本年（二〇〇八年）、九月の初めにストラスブールで大学評価に関するＥＵの会議が開催された。たまたまユネスコの高等教育部長が親友であった関係で、彼女の推薦でその会議に呼ばれることになった。驚いたことに、ディスカッションセッションでは、そこでの私のプレゼンテーションに質問とコメントが集中した。「我々は、日本のやり方を見習うべきだ」という強いコメントも出た。先ほど、評価の機能には判断と改善の二つがあると述べたが、日本の場合にはＰＤＣＡのＡのところが非常に強調されている。すなわち、日本では、評価を改善に結びつけなければならないということが強調されているのだが、この考えがＥＵの国々には希薄であるというのが、主なコメントであった。

この点について、英国はそうでもないような印象を持っている。どちらかというと日本の考えに近いが、それでもやはり日本ほど、そこのところを重点的には考えていないような気がする。評価の結果に基づいて、改善しようというより、次の評価でどうやって良い点を取ろうかということを考えているように思われる。ということで、彼らの質問やコメントを聞いて、なるほどと思った。

会議の最後のまとめの際にも私のプレゼンテーションの内容が紹介され、我々は日本のやり方を大いに参考にすべきであるという結びとなった。そういう意味でも、我々が、評価によって、判断だけではなく、改善も目指しているという方向は間違っていないということを確信した。

第四章　初等・中等教育が立つべき視点

田村哲夫

「夢がない」現代の若者

今、いろいろな問題で橋下知事が発言されるなどして、大阪が話題になることが多い。この間もテレビのニュースで、「大阪の青年は夢がない」、「日本の中で一番夢がないんだ」などと、橋下さんが発言されていた。この言葉は、青少年をお預かりしている立場、教師という立場から言うと、非常に大きな問題だというように考えざるを得ない。

つまり、青少年というのは、小学生からであろうか幼稚園からであろうか、そこから大学生までも含めて、基本的にその存在というのは「未来」であるといえる。青少年というのは即「未来」と考えていいのだろうと思う。したがって「夢がない」ということは、青少年が生きるのには、非常に生きにくい時代だという、こういうことを言っているのだろうなというように思うわけである。

しかし、橋下さんはこのような発言をしたが、実は日本の青年は大阪だけではなくて全国的に見て夢がないのではないだろうか。大阪に限った問題なのではない。その辺りから話をスタートさせてみたい。

毎年、内閣府で青少年の意識調査という国際比較を行っている。その資料を見ると、日本の青少年が非常に特異な意識を持っているということに気がつく。つまり、私たちの国の青少年は、将来についての意見を問うと、いい学校を出て、いい会社に勤めて、いい嫁さんをもらって、そこそこ安全な生活ができればいいという、こういう返事をするのが六割ぐらいいるのである。このような回答をする者が半分以上いるという国は実は世界には他にない。こういう回答をする青少年がいないわけではないが、いても大体一割から二割である。

多くの国、その中でもアメリカと中国は特に突出しているのだが、多くの国では青少年の意識として、将来については、あるかないか分からないが、自分の能力とか志を頼みにして人生設計をしようという、こういう気持ちがうかがえるような回答が来るのが普通であろう。確かによい嫁さんをもらって、いい会社に勤めて、というのも回答としてはあるが、それはせいぜい一～二割である。したがって、これは明らかに何か原因があるわけである。

その原因を考えていくと、これはかなりはっきりしているのだが、閉塞感が強過ぎるということが挙げられる。これは恐らく日本の社会全体を支配している傾向であるだろう。閉塞感、つまり何をやっても大したことは生まれないと、将来はどうなるか見通しがつかないという気持ちが強過ぎるわけである。この方向を何とか変えていかないと、日本の社会を変えることはできないであろう。

辺地であるということの自覚と国際化

変革のために私が考えている方法は、ただ一つである。それは私たちの国が中央教育審議会等で議論している方向性とも一致しているが、つまり、国際化という方法以外にないのだろうということである。

つまり、私たちの国は、周知のことであるだろうが、世界の地図などで見ると地球上の辺地にある。まず日本人全体が辺地であるということを意識しなければならないのではないか。しかし、なかなかこれは意識として持てないものかもしれない。

現に東京や大阪といった大都市は、ヨーロッパの大都市よりもはるかに便利にできているし、生活がしやすい。いろいろな人がいて、さまざまな文化的な環境にも恵まれていると、確かにこういうふうに思いがちであるが、実は大変な辺地だということをまず確認する必要があるだろう。

個人的にそのことを実感し、ショックを受けたのが北海道の支笏湖で行われた今年（二〇〇八年）のジュニアサミットである。ブレアさんが言い出したことだが、グレンイーグルスでのイギリスのサミット以来、これに参加する国々から高校生の代表を出し、サミットのテーマに従って高校生の意見をまとめるジュニアサミットという催しをやっている。

今年もこれは非常に意味があるものであった。今年のテーマは地球環境問題。二十一世紀の半ばごろ、恐らくサミット出席者のうち、大人のほうは、もうほとんど生きていないであろう。しかし高校生にしてみると、まさに自分たちが生きている時代、活躍する時代であり、そういう意味でいえば今年などは、特に意味があったジュニアサミットだったのではないか。

ところが、その今回の参加者であるが、グレンイーグルスから始まったジュニアサミットの参加者というのは毎回二〇〇人以上いた。今年はどうなのだろうと思い、外務省の担当者に「どうなんだい」と尋ねてみた。すると「先生、三九人でした」ということであった。「何でそんなに少ないの」と聞くと「いや、日本という国はものすごく来にくいところなんですよ」というのである。

これは実は日本の社会を考えるときに、重要なキーワードになるということを私たちは意識する必要がある。つまり、ヨーロッパにいれば、バスで二〜三時間行けば、全然違った考え方を持ち、違った言葉を使い、違った生活をしている人たちに会えるわけであるが、そういう環境は日本にはない。そのため、わざわざたくさんの時間とお金を使って行かないとそのような体験はすることができないである。

したがって、基本的に日本は辺地にあるのだということをまず意識しないといけない。これから日本の社会の将来像を考えるとき、そうした意識を日本人全体が共有して、国際化というものを強調しながら、そういう環境を人為的につくっていかない限り、閉塞感に支配され、なかなか夢が持てないということになってしまうのではと考えている。

ちなみに西欧諸国の大使が日本に来ると給料が三倍ぐらいになると言う。つまり辺地手当、へき地手当というものが出るわけである。

この夏、知人のイタリア大使が三年間の勤務を終えてイタリアに帰るというので、会うことにした。大使はそこで「帰ったら家を買う」と言う。「三年間日本に勤務したから、おかげさまでたくさんお金がたまって、それで家を買います」というわけである。「何でそんなにお金がたまるんだ」と聞くと、何と給料が三倍になるからだそうである。

私はその理由を聞いてみた。「日本がへき地とは、どうしても思えない」と言うと、「いや、やっぱりへき地である」と。そうしたら、さすが外交官である、なぜへき地であるのかについて一〇ぐらいの理由を言ってくれた。第一がアルファベットが通じない。それでは「ロシアとか中国もへき地なのか」と聞くと、「そうだ、あそこもへき地だ」と言う。

それから、いくつか言った中で、これはしようがないと思ったのは「蒸し暑い」ということである。少し笑い話みたいな話であるが、とにかく国際化ということが、やはり私たちが次の世代を育てるためには、非常に大事なキーワードだというふうに思っている。つまり「夢が持てない」という現状であっても、この間アフガンで残念ながら亡くなってしまった青年がいたが、国際化社会ではあのような「夢」が持てるようになるわけである。

日本の中では、閉塞感がものすごく満ち満ちている。その中で教育をしていくと、どうしても国際化という道をとらない限り、この閉塞感に満ちた日本の環境は打ち破れないのではないかというふうに思っている。その意味で、今の日本の初等中等教育のこれからの方向性を考える場合、そのところがキーワードになるであろう。これを前提にしながら話を進めていくことにする。

教育によって「考える力」を育てる

最初に現状である。日本の初等中等教育、これは大学も最近は学部生の初めのころは高校生と変わらないであろうから、教育を考える場合、その辺りまで含めながら考えていく必要があるだろう。

一つは、これは青少年に対する教育について。基本的にジャン＝ジャック・ルソーが『エミール』の中で触れたように、人間というものは生まれついて考える力を持っている生き物ではない。ルソーは、唯一手間のかかる、時間のかかる大変な「教育」という作業で人間は考える力を身につけると指摘しているが、まさにそのとおりであろう。

これはアベロンの野性児の例を引くまでもなく、人間は人間による教育によって考える力を身につける。その考える力というのは、どういう内容なのだろうかというと、これはジャン＝ジャック・ルソーが『エミール』の中で触れているように民主主義社会、この成員をつくるために考える力を身につけるということが根本であるだろう。

民主主義社会というのは、どういう社会かというと、基本的にいえば、これは哲学者の田中美知太郎さんがよく言っていたことであるが、人間の社会には二種類ある。一つは奴隷社会、一つは民主主義社会である。奴隷社会というのは、何かしてもらおうと思う人が集まった社会で、民主主義社会というのは、自分が何ができるかを考える人たちが集まった社会である。

教育の目標というのは、私はルソーが指摘したように考える力を持つ、その考える力は自分が生きていることで何かしてあげられる存在になれるかどうか、人のために何か役に立てられるか、あるいはそこまで行かなくても、いないと困る人になるという、こういうことが教育の方向性であり、基本的な考えだろうと思っている。

その部分で考えると、私たちの日本の教育は少しく時代のそういう変化、あるいは社会の成熟によって、ぶれてきているというふうに考えざるを得ないだろうというふうに思っている。そのことについて説明していきたい。

二十一世紀の社会はどういう社会であるかといったことについては、ユネスコや国連などでもしばしば議論され、我が国においてもなされている。今のところ、定説になっているのが、知識基盤社会、これは「ナレッジ・ベース・ソサエティー」(Knowledge-based Society)というふうにいわれるものであるが、国連総会でも、こういったことが議決の中に入ってきている。したがって、確実に言えるのは知識が基盤になってつくられる社会が二一世紀の社会であるということである。

私は、自分の中学高校で校長講話というのをやっているが、生徒に語るとき、分かりやすくするために知識基盤社会の定義をよく使う。どう言っているかというと、昔はお金を持っていたり、地位が高かったりすると得する社会であったが、二十一世紀で一番得をするのは知識を持っている者である。だから知識を持っていない人と持っている人の差が大きく出てくる社会だと、こういう社会なんだよということを言う。

現代は格差社会であるとよく言われるが、何とかこの格差がないように我々は努力していかなければならない。そのために用意して、注意していないと、この知識基盤社会では格差がますます広がっていくことになるであろう。大変な社会になっていくということを覚悟しておかなければならない。その覚悟は誰かにしてもらうものではなく、自分たちがそう思い、その格差を少しでも解消するように努力していくこと、こういったことを教育に対する考えの中に入れていかないといけないと思っているというのが今の感想である。

そこでその際の知識というナレッジというもの、その定義がここに来て大きく変わってきている。その定義が変わってきたというのは、日本の国が変わったということと、それからすでに述べている国際社会が変わってきたということである。つまり、人類社会が変わってきたということが重なって、知識の定義が最近大きく変わってきているということにまず気づかなければならないのである。

日本の近代化と教育制度

私たちの国では「学習指導要領」というものを小学校、中学校、高等学校で作成している。この指導要領に従って教育が整々と行われているという、こういう国である。これはそういう基本的な考え方が国としてあるからである。つまり日本という国は世界史の中に遅れて登場してきた国であり、早く先進国に追いつき、そして追い越さなければならないという、こうした強力な駆動力、推進力が働いていたからである。

そのため、民間が何かするということを待てなかった。つまり国とか地方公共団体というようなところがまず先導的にお金を用意し、追いつけ追い越せでやっていく。本書第二章でも、外国人教師を国家予算の半分以上使って、というようなことが述べられているが、それこそその典型であるだろう。したがって教育内容も、まず国が示して、みんながそれに従うという形で、さらに日本の近代化もまたそのような形で進んできたわけである。それは歴史的事実である。

歴史をたどると、最初は国としては、いわゆる富国強兵を目指していた。「強兵」というのは植民地にはならないという意識が基本にある。維新の志士たちが書き残した記録を見ると、中国の上海などにある外国人租界を見て、その租界には「犬と中国のクーリーは入るべからず」といった看板が立っているわけであるが、こういう国にだけはしたくないという、そうした強い気持ちがあったわけである。そこで「強兵」という意識が出てくるのである。

例えば学校においても、繁華街の近くや、例えば大阪女学院大学のように町中にあるような学校でも、必ずグラウンドを設けるわけであるが、それは、学校にはグラウンドがなければならないといった考えが、今でも日本人のトラウマというか、意識として残っているからである。

しかし外国へ行くとそのようなことはない。グラウンドがない学校はいっぱいある。どうしてグラウンドがなければならないと考えるのか。東京駅の八重洲口の駅前に公立中学校があるが、そこにも立派なグランドがある。土一升、金一升のところにグラウンドをつける。これはなぜか。強兵の意識があったからである。団体行動、みんなで並んで行進するとか、全体で体操をするというのが学校の中心の一つの教育として、全体にしなさいよと示され、それに従ってみんなやってきたわけである。

資料１　戦後新学制以降の学習指導要領の変遷（ＥＲＫまとめ）

[第一次] 1947年（昭和22年）刊行〈学習指導要領（試案）〉
・各学校で教師が新教育における各教科の指導について「手引き」として用いるものであり、「一応の基準」として教科目と時間数を示す。
・いわゆる「児童中心」の指導法が原則。

[第二次] 1951年（昭和26年）公表〈学習指導要領〉
・児童・生徒の持つ三種の「必要」（生物として・発達に応じて・社会的存在として）に応じるものとして内容構成。
・「単元」による学習を重視。

[第三次] 1958年（昭和33年）～1960年（昭和35年）告示〈学習指導要領〉
（小は61年度から、中は62年度から、高は63年度から、学年進行で全面実施）
・文部省告示として法的拘束力を持つものとなる。
・各学年各教科ごとの最低必要時間数を示す。
・「生活単元学習」から「系統性重視」への転換。
・「道徳の時間」の新設、基礎学力の充実、科学技術の重視など。

[第四次] 1968年（昭和43年）～1970年（昭和45年）告示〈学習指導要領〉
（小は71年度から、中は72年度から、高は73年度から、学年進行で全面実施）
・時代の進展に対応した教育内容の「現代化」。「算数」に集合を導入など。
・法規としての体系性に留意し、各教科の規定の仕方を統一。
・「体育」は学校の教育活動全体を通じて行われるべきとして総則に規定。

[第五次] 1977年（昭和52年）～1978年（昭和53年）告示〈学習指導要領〉
（小は80年度から、中は81年度から、高は82年度から、学年進行で全面実施）
・「ゆとりある充実した」学校生活の実現を目指し、各教科等の目標・内容を中核的事項に絞る。
・高校進学率が急上昇（1974年に90％を突破）したことを踏まえ、小中高12年間の教育内容の一貫性に配慮。

[第六次] 1989年（平成元年）告示〈学習指導要領〉
（小は92年度から、中は93年度から、高は94年度から、学年進行で全面実施）
・社会の変化に自ら対応できる心豊かな人間の育成を目指す。
・「個性重視」と「新しい学力観」の提唱。

[第七次] 1998年（平成10年）～1999年（平成11年）告示〈学習指導要領〉
（小中は02年度から、高は03年度から、学年進行で全面実施）
・「ゆとり」を強調し、週５日制を導入し、授業数も教育内容も大幅削減。
・自ら学び自ら考える「生きる力」の強調。
・小中高に「総合的な学習」の時間を設定。

[第八次] 2008年（平成20年）告示〈学習指導要領〉
（小は11年度から、中は12年度から、高は13年度から、学年進行で全面実施）
・「確かな学力」を基盤とした「生きる力」の育成を強調。
・「習得」「活用」「探究」の三者を共に重視。
・授業時数・教育内容を回復。

第二次大戦の結果、やはり少しやばいということになって強兵が外される。しかし富国は残る。そして、日本の国の教育のシステムというのは、国が豊かになる、豊かになればみんなが幸福になるといったコンセンサスのもとに整備されていくわけである。であることから、教育に税金が使われるのは当たり前という、こういう考え方が定着する。それがこの国の教育制度の基本的な流れであった。

資料1を見ていくと、第二次大戦以降、そういった流れがずっとあったということが分かる。さらに、その流れが幾つかのきっかけによって、国内において変わっていくということについても触れている。

「個性の尊重」が重要な柱

これは第五次の学習指導要領が示された後、一九八四年のことであるが、臨時教育審議会という審議会が立ち上がった。ここでいわれたテーマは、「生涯学習」というものである。

それから、個性の尊重ということが言われ出した。教育の自由化、国際化、変化への対応、これらを日本の教育の基本にしなければならないということが言われるようになったわけである。このもととなるのは、一九六五年のパリのユネスコ総会で、ポール・ラングランというフランス人が言い始めた、一生かかって勉強するんだという「生涯学習」という概念である。それが提言されてから二〇年たって、ようやく日本にも来たわけである。

ここで初めて、国が求める人材というよりは、それぞれの持っている個性をしっかりと発展させるということ、個性を尊重することが学校という場で行われる教育の重要な柱になるのだということが言われるようになる。

その後、教育改革国民会議という会議が開かれるようになるが、これも全く同じ路線であった。これはノーベル賞の江崎玲於奈さんが議長で、本書でも執筆されている木村先生が副会長であった。

それから六年経った二〇〇六年、中途半端なかたちで終わることになったが、教育再生会議というものが開かれている。二十一世紀に入る二〇〇〇年に教育改革国民会議、そしてそれから六年後の教育再生会議。これらの会議で示された議論、考えられている方向性というのは、基本的に教育が国の目標に従ってだけなされるのではなく、個人個人の人生、生き方にかかわって行われなければならないというものが主流になってきている。それがバランス上、多くなってきているということが提言されているわけである。それが学習指導要領の改善と言われている変化の中にずっと出てきている。

例えば、小学校でも英語を教えるということが今回の改定で出された。それは、日本語ももちろん大事だが、大人になって社会に出たとき、ある程度英語も使えないと困るだろうということからである。現実に日本の小学校の九七%は、何らかの形で英語教育をすでに行っている。

これは、どうしても必要だというふうに親が考えるから、学校側としては渋々やっていたわけである。学習指導要領違反であるともいえる。しかしこれは、後で触れるが、いわゆる特区開発という制度、これは文部省内部の略称でいえば八〇二号になるが、それに従って学習指導要領違反が全国一斉に、小学校の英語においては多くの学校でやっているということである。

これはまさに、国が決めた総括的な指針を参考にしながら、個々の学校が生徒の人生を考え、あるいは実際に教える先生方、校長の考え方に基づいて教育を展開していくという考え方が基本にあるということである。この事実は裏返すと評価がなければならないということにつながっていくだろう。なぜなら、各学校が勝手に行って、そのことを誰も知らないというのは具合が悪い。そこには確実に税金が使われているわけだからである。

したがって、それぞれの学校が生徒を見て、それから学校の先生方が考えて、教育をこのように工夫したほうがよいと考えたのであれば、それを公にしないと困るわけである。評価されないと困るわけである。だから評価というのは、これは避けて通れないものである。国が示したとおりに各学校がやっていれば評価はする必要はない。それが最初に大学から始まったというのは、大学という場が、一番最初に国際化の波にさらされたからなのである。その国際化の波は、実は高・中・小に今次第に拡がり始めている。その話を少しく述べていこう。

資料２　新しい学習指導要領の目指すもの

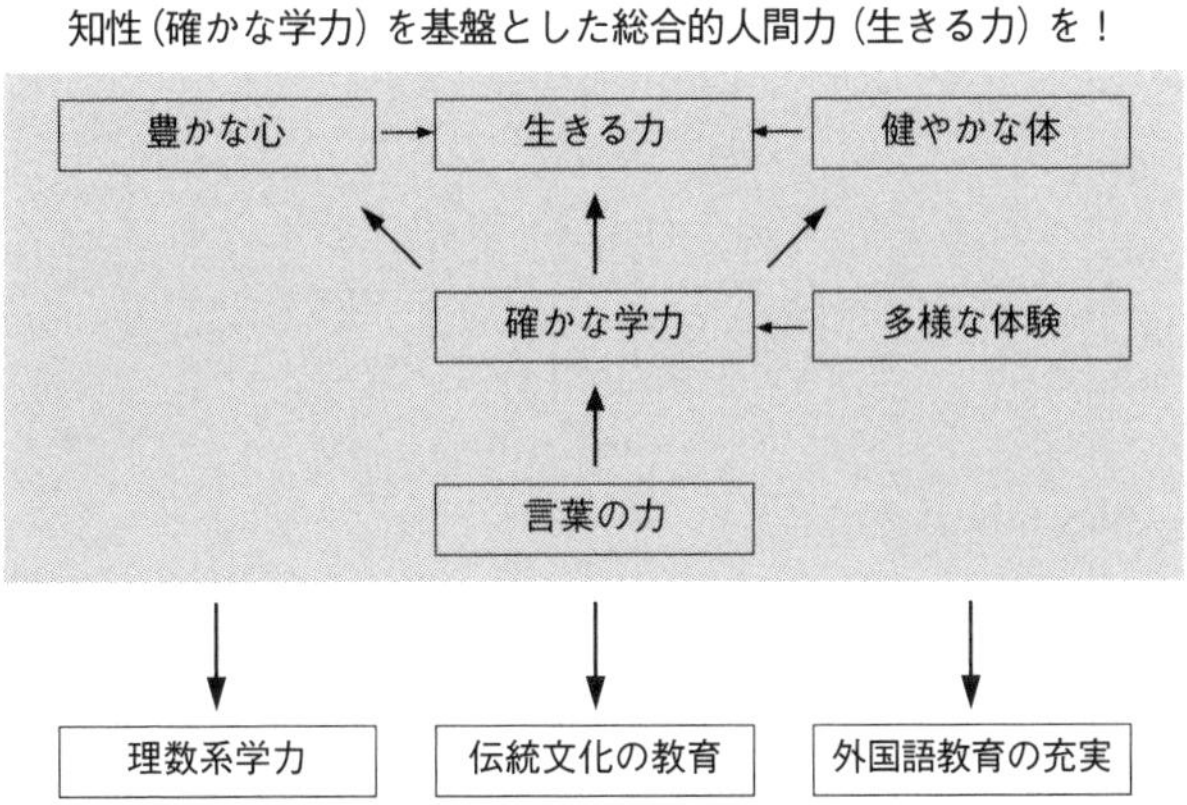

新しい基準となるＰＩＳＡテスト

資料２には、今回議論された学習指導要領の改定の考え方、特徴が示されている。これらの考え方にしたがって小・中・高の教育を実施していけば、二十一世紀においても学校で学んだことが役に立ったと思えるような教育になるだろうと予測をして、こういう改定をしているわけである。

そして大学のみならず、小・中・高においても、いよいよ国際化の波が及び始めているわけであるが、学習指導要領の改定の今回の特徴は、グローバリズムというふうに考えるのが一番分かりやすいのではないかと思う。

このグローバリズムが、具体的にどのようなところで影響を及ぼしているか、これを問題ごとに述べていこう。

ＰＩＳＡ（Program for International Student Assessment）についてはご存知であろう。このＰＩＳＡというのは、二十

世紀から二十一世紀になる時期に、それまでの初等・中等教育のままでは、今後の二十一世紀、つまり、今は知識基盤社会と言っているが、この知識基盤社会、新しい人類社会で活躍するための基礎的な教育が十分ではないと、そのように考えて、ＯＥＣＤという先進国と言われる国々が集まった組織で、各国から何十人かの専門家を出して、認知科学とか、いわゆる脳の研究者とか、あるいは教育関係者とか、そういう人たちが集まって、新しい時代に向けた初等中等教育の内容をテストできる問題づくりに取り組んだ。そして、その結果、出来上がった問題が「ＰＩＳＡテスト」と言われるものである。このＰＩＳＡテストというのは世界で一斉に実施され、その結果も出されることとなった。日本は上の下ぐらいであったはずである。

日本では、従来学力というのは、次のような手続きで検証されていた。一つは、まさに国内向け、つまり国が決めた学習指導要領の内容に従って、それがきちんと理解できたかどうかを全国一斉にサンプル調査で試験をして把握をするというもの。学習指導要領の理解がきちんとできているか見るわけだが、試験の点数が高ければ、「まあ学力がついている。心配ない」という判断になる。これを文部科学省は、ずっとやってきている。それで検証はされていたわけである。

それから、ＩＥＡという国際学力評価比較学会という学会があるが、そこでつくられた問題集も同じように使われていた。これは五年置きに実施されるテストであるが、そこで日本は相当の高得点を取っていた。よって、日本の高校生、中学生、小学生は学力があると、こういう感覚を持っていたわけである。

ところが、新しい問題であるＰＩＳＡテスト実施されたとき、これは三種類のテストであるが、そのいずれのテストも、ＩＥＡとか、国内で評価した学力の定義とはふさわしくないような、少し低い結果が出る。これがいわゆる学力低下といわれる問題の中身である。明らかに国際的な影響を日本の国内の初等中等教育が受けたという、一つの最初の例といえよう。

こうしたことを受けて、ＰＩＳＡテストに耐えられるような教育をしなければいけないという視点が今の初等中等教育の教育改革の中に入ってくることになる。当たり前といえば当たり前であろう。

これは具体的には、どういうことなのか。ナレッジという言葉を定義する上で考えていただくとすぐに分かるであろう。つまり、従来型の学力というのは知識の量とか、記憶力の正確さとか、計算力の速さだとか、これを主に調べて、そういうものに高い結果を出せば学力があるという、こういう考え方で評価をしていたわけである。ところが、新しいＰＩＳＡが示している学力というものは、少し違ってくる。つまり、取得した知識をどう利用できるか、あるいは問題がどこにあるのか、それを解決するにはどうしたらいいかということ。さらに言えば、そうして持った知識を使って自分なりの結論を出したら、その結論で人を説得する力、その結論を人に伝える力、そういうことを他人に思わせられるかどうか、みんなを巻き込んでいくことができるどうか、その辺りも含めて

「知識」という定義の中に入れてきているわけである。

時代の変化が求めるもの

確かに、いろいろなところで、そういったものが必要だということが言われ始めている。現実に、日本の社会で会社の偉い人たちが、最近の学生は言われたことはきちんとやるが、新しいことに取り組もうとしない、自分で提案しようとしない、問題がどこにあるかを指摘する能力がない、どうなっているんだ教育は、と、こういった話になるわけである。これは、社会が変化して、成熟していきつつある新しい社会の中では、そういったものを要求する学力に対する定義、力というものが求められているということになるからである。

今から数週間前、フランスから国民教育省という省の視学官が来日し、国立教育政策研究所の主催で話を聞く機会があった。

フランスという国は世界に冠たる中央集権国家である。つまり、フランス革命をやったときに反革命の力が非常に強く、革命勢力を維持するために徹底的な中央集権をとったという経緯がある。したがって、教育についても国民教育省が決めたとおりに、フランス中の小学校、中学校が教えるという、こういうことが堅持されるのである。

それで私は、ＰＩＳＡについてどう思うかと聞いてみた。するとその視学官の代表者は「フランスというところでは、ＰＩＳＡはあまり気にしてない」と言う。そして、確かにＰＩＳＡは、カナダとかフィンランドというような国の子どもたちが高い点を取るのは知っていると。ＰＩＳＡによる結果は、フランスが中の中ぐらい、イギリスはそれよりちょっと上、日本は上の下ぐらい、アメリカは中の中でフランスと前後している。そしてドイツは中の下。フランスの隣の国であるドイツはすごく気にしており、自分の国の教育制度まで変えて、これに対応しようとしている。しかし、フランスはそう考えていないというわけである。

しかし、彼らがＰＩＳＡによる結果を口にするところから、個人的にはフランスでも意識されていると感じた。彼らがいう通り、本当に考えていないのなら、そのような成績のことなど知らないはずである。あの中央集権国家でもやっぱり国際化の波には抗しきれないのであろう。現にＥＵの中では、初等中等教育の段階で英語を教えるということが共通の認識として決まっている。

現在では、フランスに観光旅行などで行って英語をしゃべっても、フランス語でしか返事をしてくれないということは起きない。今や、英語が使えると給料が上がるという社会状況にもなっている。だからフランス人はむしろ競って英語で答えてくる。このようにして英語はますます世界共通語になっていく。

小学校で英語教育を実施することについて、そのような改革が行われなければならないということとについて考えるとき、そういった世界の大きな流れが背景にあるということをぜひ理解してほしいと思う。

例としてＰＩＳＡテストを取り上げたが、現在、高等教育でも同じようなことが試験的にどんどん行われ始めている。最近の例でいえば、今年の六月にＤｅＳｅＣｏ（Definition of Selection of Competence）試験がハーバード大学の学生と東京大学の学生を対象にして実施された。一〇〇人か二〇〇人の学生を選んで試験した。

この試験は試験的に行ったものだが、問題のカテゴリーが六つぐらいあって、その六つの中の最初のいくつかは、知識があるかとか、計算がちゃんとできるかとか、そういった旧来型の学力を見る試験である。後半の四番目、五番目、六番目になると、その得た知識を活用する能力があるか、あるいは人を説得する力があるか、人を巻き込んでいく力があるかということなどを見ていくものになる。予想どおり、最初のほうの問題においては、東京大学の学生はハーバード大学の学生よりも高い点を取った。

ところが、後半のほうに行くと明らかに逆の差がつくのである。それは当たり前であろう。日本ではそういうふうに教育を受けていないわけで、点が低くなるのは当たり前である。アメリカでは、小学校一年生の頃から「ショウ＆テル」といって、自分はどういう人間か、それを人にきちんと説明して、自分のことを分からせるという訓練が行われているわけである。そういう教育を日本はまったくしてこず、もっぱら知識力とか記憶力の正確さだとか計算が早いとか、そういったことが主体であった。大学の入試で求められるものも同様である。大学の入試についていえば、したがってアメリカにおいてはものすごく時間をかけて行われる。ハーバードの場合は、本当に半年から一年かけてセレクションして決められるのである。

国際社会で求められる多元的な価値観

今述べたようなことを、これから日本がやっていくのかどうかは分からない。日本人の意識や考え方のようなものが最終的には決めることであろうし、何ともいえない。確かにアメリカの真似をすればいいとは思わないし、日本的にやることも必要であろう。しかし国際社会で生きていけるようにならないと、日本人は今後生きていけなくなるというのも事実であろう。

この島国日本の中で適正な人口というのは三〇〇〇万人ぐらいであるそうだ。であれば、残りの九〇〇〇万もの人は外国へと出なければならない。それをしないのであれば、やっぱりどうしてもほかの国と付き合わないといけないということになるだろう。

ほかの国の人たちと付き合うためには、「変わった人間だ」と思われないように、あらかじめ教育を受けておかなければならない。日本人というのはちょっと変わっている、付き合い切れない、となれば困るわけである。教育の改革というのは小・中・高から進めていかなければならないのである。

ＡＨＥＲＯと略称されているが、ＯＥＣＤの教育大臣会議で決められた、大学の国際比較というものが具体的に始まろうとしている。たしか今年（二〇〇八年）でいうと、日本では年間五〇〇〇万円ぐらいの調査費がついたはずである。

そういったような国際比較が大学教育でも始まり、先ほど述べた教育のアウトカム、学校を卒業したときに、どれぐらいの力をつけていたか、それを客観的に比較して、足りなければ直すようにしていくという、こういう動きが始まっていると、これはすべての学校種で始まっていると、このように考えていくことが必要であるだろう。

よく、東京大学は楽だよ、出来の悪い学校は苦労するよ、などと言われるが、これはまさにアウトカムの問題である。東大の卒業生とそうでない大学の卒業生を比較する際の比較の指標をどこに置くかということで決められることであり、まさに先ほどの話に出ていたように外部条件とか、その子にとってどういう人生を選ぶのか、それによって教育の内容の価値が決まってくるわけであり、そういう考え方でいかないと、これからの世界では生きていくことができない。国際社会では特にそうであろう。したがって、決まり切ったワンパターンの思考回路で、教育の成果を評価するというわけにには、これからはもういかなくなってくるのである。

プルラリズムというような言い方があるが、大人の側も、多元的な価値観というものを判断の中に入れながら、次の世代に対する教育をしていかないと、育てられた子どもが損するという、こういうことになる。そういう時代にきているんだろうというように思う。

さらにいえば、こういった考え方から現在教育の現場で言われるのは、今までは学力をつける方法としては、とにかく機械的に何も考えないでいいから覚えろと言って、徹底的にやらせればいいという、こういう考え方が主流であったはずだということ。それはしようがないことであろう。そういう教育を受けて育った人が先生になっているわけであり、そういうやり方ではうまくいかないのだということを、なかなか実感できないのであろう。

今はどうなっているのか。とにかくやらせればよいという行動主義というものでは、今の時代、子どもが対応してくれない。構成主義やアイデンティティーを尊重する方式とか、いろんなやり方があるわけであるが、学力を身につける方法も今や大きく変わりつつある。それが現場の変化としてあるのである。

国際的な初等中等教育に対する関心、これはやはりブレアが二〇〇〇年のケルンサミットで言い出したことであるが、それが今や、どんどん出てきているというふうに考えていいのだろうと思う。私たちの国の中も、そういう変更が今進んできているということを申し上げたい。

そして、さらに言えば意欲というものが非常に強く意識される教育の仕組みへと変わってきている。意欲、デザイアなど、いろいろな言い方があるが、要は学力を考えた場合、意欲をどれぐらいに考えるかという、そうした問題となるだろう。

専門家の話を聞くと、現在では、学力の六割から七割は意欲によるものだという定義になっているようである。だから学校教育のアウトカムと言われる内容が、かなりの部分で、人生に対する意欲が入っているということを我々は知っておかなければならないのではないだろうか。東大の学生は旧来型の考え方の定義でいえば学力が高い。それでは、意欲はどうだということである。この点については今の教育では図られていない。したがって多少学力が低くても、人生に対する意欲が満々でやる気がある生徒を卒業させれば、これは教育機関としては、まさにやることをやったということがいえるわけである。

エビデンスを示すこと

そういった考え方を入れていかないと、「新しい時代の成熟した社会に育ってきている子どもたちに対応できる教育のシステムというのはつくれませんよ」というのが、今の時代の要請だろうと私は思っている。そういうような大きな変化の中で、教育行政の担当者として大事だと思うことは「エビデンスベース」（Evidence Base. 証拠）という考え方である。

別稿の「評価」のところでも同じような話があったが（第三章参照）、要するに証拠があるかどうかである。エビデンスが示されないことには、いくら口で言ったって駄目なのである。

例えば、目がきらきらしているとか、やる気満々だというように、よくそういう言葉を使うが、税金を使う以上、それだけでは通用しない。目がきらきらして、こんなことがあったよと、こういう成果が出たよということが、エビデンスとして証明されないと税金を使ってもよいとはならないのである。

だから典型的な外部の人である橋下知事などは、大阪の教育に対して証拠がないじゃないかと、いつも言う。点が低いじゃないかと、それはまさにエビデンスであって、それがきちんと説明できないで税金を出せと言ってもそれは出せないということ。この場合は口実であるかもしれないが、そういうような動きがあるということは認めざるを得ないのである。我々としては、そういったことなども考えながら、いろいろと仕組んでいかなければいけないのであろう。

義務教育の構造改革というのは、これから必然的に起きてくることである。つまり、国が決めた教育内容を決めたとおりに教えればいいという学校の役割はほぼ終わっているわけである。

個人個人ということを考えると、ここには格差の問題が出てくる。それでどうするのだという話であるが、それは当事者がやるしかない。誰かがやってくれるという時代ではないのである。関係者がやっていくしかない。

それは中央集権から地方分権へという社会の流れとかみ合って、下手すれば、大変な格差社会に、どうしようもない日本の社会になる危険性がある。でもそれをやらずに、中央集権で言うとおりにやっていくとどうなるか。元気のない閉塞感のある、やったってたいしたことがない、みんな大人が決めているという社会になるわけで、もはやそこからは新しい元気は生まれてこないだろう。その辺のバランスがとても難しいものになるであろうが、問題がどこにあるかということをやっぱり大人の我々としてはきちんと把握して、それに対する対策を考えてやっていかなければならないというふうに考える。

「分権と規制改革」というのは、まさにこれからの社会の基本となるだろう。全部国が決めてやってくれるという感覚は持っていてもしようがない。自分たちでやらなくてはしようがない。これはまさに、いろんな面で出てくることであろう。国も必死になって、縦割の弊害をどうなくしていくかということを考えている。基本的な流れである分権については教育の世界でも全く同じである。つまり、国が基本的な形を決めても、地域によって教育に対するニーズが全然違うのである。ニーズが違うのに、全体一斉、これでやりなさいといわれても、無理な話だということが、もう各所で出始めている。

日本の何カ所かの場所では、公立の小学校のクラスのメンバーが日本人のほうが少ないというクラスがある。そういう地域が何カ所もある。そういう現状があるにもかかわらず、国が決めたとおりに教育しなければならないとなれば、その地域は困るわけである。まず日本語が通じないのである。しかし教育はしなければならない。そういった状況にも対応できるような、その地域でどうしたらいいかということを考えられるような地方分権というのが、これからは進んでいくだろうと思う。

その結果がはっきりと出てくる格差の問題などは、これもまた問題としてきちんと正確に把握して対策を工夫していくしかないであろう。これもしてもらうのではなく、その実情を知っている人がやらない限りよい答えは出てこないであろう。

基本的に教育委員会というのはとてもいい制度で、日本の民主主義のバロメーターだと思っている。制度としては残すべきだというように言っているが、廃止論を唱える人も多い。

教育委員会の最大の問題は、その閉鎖性にある。これは何とかして変えてくれないといけない。大分県がそのいい例だろう。教育委員会が閉鎖的だから、つまり役人の官僚機構の一部に巻き込まれているからで、官僚機構の一部に巻き込まれると透明性は薄くなる。役人というのは嫌がるものなのである

だから何でも自分で決め、内々で全部処理して、だから実際やっているのは本当に官僚的な官僚機構の一部になってしまっている。これでは橋下さんが言う「くそ教育委員会」だったか、そのようなことを言われてもしようがないと思うときも確かにある。

自立と共生を目指した環境づくりへ

これからの教育の基本的な考えというのは、初等中等教育では民主主義社会の成員をつくるということである。自立して考える力と、それから共に生きるという共生。この自立と共生というものをバランスよく教育をしていくということが最終目標になるであろう。それにいろいろな学校が味つけをしていくということである。

私立学校はそうした味つけは得意であろうから、いろいろなことをやるであろうが、基本的にはこのルールだけは、どの学校でも押さえておかなければならない。つまり、自立と共生というのは別の言葉でいえば、自立ということは個性の開発のことである。共生というのは、社会学者のデュルケムがいうところの社会の形成力である。これがバランスよく存在して教育というのはつくり上げられていかなくてはならない。これは基本的なスタンスで、それに各学校が色づけをしていく。今後、その色づけの中には非常に大きく国際化という影響が出てくることだろう。方向性としては、そういうふうになっていくのが一番よいと考えられよう。

そのほか、これから出てくる問題としては、技術社会影響評価（TA）と言われるが、テクノロジー・アセスメント（Technology Assesment. 新しい科学技術が社会に及ぼす影響変化）ということになるであろう。

これは一九六〇年代にアメリカでテレビが教育に及ぼすというところから始まった大きな社会的な動きであるが、今私たちが、すぐにでも行動を示さなければならないＴＡは携帯電話であるといえる。携帯電話は子どもたちの生活にすごい影響を与え出している。携帯電話依存症というものである。小学生、中学生には、早寝早起き、朝ご飯が一番よいのであるが、こうした彼らの生活を携帯電話が阻害し始めているのである。

身の回りを見てもわかるであろう。これについては誰も何もやらないから不思議に思えてならない。これについてはとても大きな影響がある。確かに技術開発は、人間の社会あるいは人間の生活を豊かにし、便利にすることであるから大事なものである。しかし、技術開発されたからといって直ちにそれを導入してもよいものなのかどうかという問題。人間の文化にどういった影響があるか、文化というのは生活のパターンを言うわけだが、その文化にどのような影響が与えるかということをアセスメントしないで平気で導入してしまうということ。これらについても今後考えていかなければならないだろう。

これに関連したことを一つ述べておくが、日本の携帯電話は外国には売れないそうである。外国では携帯電話は基本的に通信しかできないようになっており、そういう機能しか開発してないということである。ところが、日本は頭がよくて能力があるから、いろんな機器を携帯電話につけるわけである。そのいろいろな機器が子どもにすごい影響を及ぼしているわけである。そのことを大人が誰も言わないというのは、ちょっとまずいのではないだろうか。

これは次の世代に大きな影響を及ぼすことだというふうに思う。常にこのTAを大人の社会は意識しなければならない。携帯電話をつくる側は大人の都合でつくっているわけであり、子どもが使うという考え方でつくっているわけではない。子どもはお客さんの一人としか思っていない。したがって子どもに、いろんな影響が出るのは当たり前であるだろう。こうした技術社会影響というのはこれから先もさまざまなかたちで出てくることであろう。

正しい現状課題認識をもつこと

最後にこれからの展望ということに絡め、変革がどうして求められるかについて述べたい。

これは簡単なことなのである。私たちの社会を取り巻く環境がどんどん変化する。どんどん大事と思うことが変わっていく。こういう変化に応じて教育をしていかないと、次の世代を担う子どもたちにとっては、学校で教育を受けることは余計なことで、意味のないことというふうに考えられてしまう危険がある。したがって、大人の方でそういったことをよく考えて工夫していく必要があるわけである。

その一つの考え方が、「知の総合化」ということにあるのではないか。国際化に加えてそうした問題があるということ。そして、そういう変化の中で、特に教師の役割というのは、これから大変重要になってくるであろう。

教師自身が民主主義社会の成員としての意識をしっかり持つことが必要であろう。何かしてもらうだけではなく、それは労働条件というのは大事なことであり、主張することは主張すべきである。しかし、それだけでは奴隷社会になる危険があるということも常に意識していくことが必要である。自分が何ができるかということを、自分が何のために社会人として生きているんだということを意識しながら活動してほしい。

そのバランスの問題が、これから非常に大きな問題として出てくるだろう。それには教師の仕事は、基本的にもっと透明性を高め、その日常の活動を世の中に示すということが必要となってくるだろう。

例えば、とても遅くまで残業をしてやっている教師が多くいるというのも、ほとんどの人が知らない。それは、自分たちの都合で、自分たちの仲間だけでやっていれば確かに面倒くさくなく、世の中に知らせれば面倒くさいことが出てくる、ということもあるだろう。しかし、いろいろなことがよく分かってもらえるということは大事なことである。それについての意識がまだまだ不足していると言わざるをえない。それは教育委員会の考えかもしれない。

現状課題認識と改革の方向性についてであるが、この現状の課題認識というのはどういうことか。

今まで述べてきたようなさまざまな事柄が学校の現場に降ってわいているわけであるが、先生方は、それに対してどういうふうにすればいいんだろうかと戸惑っている。研修会ばかり多くて、改革ばかりが進んで、今までやってきたことが全然役に立たなくなるということがどんどん起きている。これを、改革の方向性という意味で説明すれば、それは言葉としていえば、ゲームのルールが変わってしまったというように、これを認識すべきだということである。

教育というのはゲームのような側面がある。つまり、ルソーが『エミール』で触れたように、教育という作業の結果、人間はいろんな力を身につけるわけであるが、その身につける力をラテン語でいうと「プレティウム」という言い方がふさわしいと思う。称賛とか価格とか、評価とかそういう意味を持つ言葉であるが、そのプレティウムと言われるものを目指して教育が行われているわけである。

例えば、「ツーテンジャック」というゲームであれば、黒を集めると、それは得点になる。だけど黒を集めたらマイナスになるよと言われると、高得点を取った人が一挙にマイナスになってしまう。ゲームのルールが変わると、当然そういうことが起こる。教育の世界で、今まさにそれが今起きつつあるわけである。

つまり知識がたくさんあって、計算力があって、記憶力が高い、これはたしかに大事なことであろう。しかしそれだけが高ければすべてよいという時代は終わったのである。ルールが変わって、それをどう使うかという力まで持っているかどうかが教育の役割になってきているのである。現在、ゲームのルールが変わったので、混乱しているという面が一つある。

このルールは今後ますます変わっていくだろう。したがって、教師はそのことについて柔軟に子どもの教育の現場で対応できるような考えを持ち、柔軟な対応ができるような人間として成長していかないと教員として活躍できないということになる。

世界を考える上で必要な新しい視点

それから、二つ目の大きな変化の項目。これは今までにあまり言われていないことで、急にここへ来て言われ出したことである。それは何か、国際化が進むと伝統文化を尊重するという動きが出てくるということである。考えてみれば当たり前であろう。国際化で、相手の、いろいろな国の文化を知ることになった際、それでは日本民族は何なのと、日本人というのはどんなことをしてきたのかということを必ず聞かれる。外国に行った方から、そうした経験をよく聞くことがある。

日本の文化について質問を受けた際、返事ができなくて恥をかいたというようなことをよく耳にする。国際化で大事なのは、この点にもあるだろう。これからますます伝統文化の尊重という考え方が、国際化という新しい時代に小・中・高の教育の重要なワードとして上がってくるはずである。

例えば、今年（二〇〇八年）は日本の伝統文化からいうと、とても大事な年となっている。つまり『源氏物語』の千年紀である。これは国を挙げて、それこそ小学生から「『源氏物語』の千年紀だ」ということを言うような国にならないと、国際社会で日本人は少し肩身の狭い思いをすることになるのではないだろうか。

私は、いろんな場で学校の生徒に千年紀の話をよくする。世界最古の女性の書いた長編小説を日本文化の中で育てたという事実。そうしたことが伝わらないで、どうして国際社会の中で日本人がしっかりと自分のアイデンティティーを持って、世界人類のために役立つような活躍ができるであろうか。それが教育の大きな役割になってくるであろう。これは新しい視点であるだろう。

もう一つの重要なキーワードは、「持続可能性」、「サステイナブル」という考え方である。このサステイナビリティーということが言われ出したのは、そんなに古いことではない。しかし、今や世界中で開かれているあらゆる国際会議で、どんな国際会議でもテーマの一つとして、このサステイナブルかどうかということが必ず出てくる。つまり、持続可能であるかどうかということは、実は人類社会の今最大の課せられた課題なのである。したがって、どのような議論も全部サステイナブルということにつながって議論される。それを次の世代に伝えていかなければならない。

地球温暖化だけではなく、あらゆることがサステイナブルかどうかを考えて行動しなければならないぐらいに、人類の活動というのはプレゼンスが大きくなり過ぎているのである。したがって、サスティナブルという考え方を教育の非常に重要なテーマとして取り上げていかなければならないであろう。

これはとらえ方がなかなか難しいのであるが、今回の改定では中学校の社会科と理科にサスティナブルについての概念が導入され、教科書にも取り上げられている。そういうことをうまく伝えていくということである。これは非常に重要な役割をもつものであろう。

付記（講演での質疑応答より）

日本語教育は間違いなく大事なんです。伝統文化の尊重ということで申し上げましたが、日本語が分からないで国際社会では生きられないですから、これは当然のことですが、しかし国際社会は今は、そういうことを議論しているところではなくなっているんです。

つまり、これは私どもの実際の経験から申し上げると、一番分かっていただけると思いますので申し上げますが、私どもの学校では実は中国と交流をしているんです。北京にあるいくつかの高校と定期的な交流を繰り返しています。先生方も行ったり来たりしています。

向こうの感覚はどういう感覚か、何回か繰り返して交流しているうちに分かってきたことは、中国の人たちは日本に対して交流するときは英語でやれる。英語でやれるからいいやと思っているんです。ですから、交流については何の不便もないと思っています。

今の中国の青少年で、ある程度のレベルの子は重点校ばかりですから、そうなんだろうと思うんですけども、向こうの北京の重点校の高校生は、全員英語で何の不自由もなく日本の高校生と交流できます。私どもの学校の生徒も割に英語が得意なものですから、そういう交流ができるんです。そこまではいいですよね。

ところが、中国の人がどういうふうに言っているかを申し上げますが、「日本人が中国の学校と交流するのはいいでしょう」と、それは何でですかと聞いたら、「英語で交流するのは当たり前、それに加えて中国語が学べるじゃないですか」といわれたんです。分かりますか、その意味が。英語ができるのは当たり前、それに加えて中国と交流すると、将来すごく役に立つ中国語が身につきますよということなのですよ。同じ言い方が実は中国人に私たちは言えないんですよね。

そういう事実をどう考えるかなんです。日本語が学べるから、日本と交流していいでしょうと言えたら、こんなによいことはないんだけども、やはり中国と日本と比べたら、今の若者が成人になって国際社会で活躍する時代を考えた場合、日本と中国ではやっぱり中国語を知っていたほうが得だったということになり、それをちょっと否定し切れないですね。

覚えるのは今なんですよ。今覚えれば将来有効に使えるんですね。大人になってやったっていいんだけど、とても苦労するわけです。だから今はそういうことを本気になって考えておかないと、後から恨まれるんじゃないかとさえ思っています。だからやっぱりやるだけはやるということだと思いますね。

ただ格差の問題が出てくるでしょうね。出来る子と出来ない子が出てきますから、それをどうするかは、またその場その場で考えていくよりしようがない。何もやらなきゃどんどん置いていかれるわけですから、そういうことを実感しています。ですから、日本語は大事なのは言われなくたってよく分かっています。だけど時代は、そういう時代を過ぎてきているんですよということを分かっておいてほしいんですね。

だから英語をやるのは当たり前という前提だろうと私は思っているんですけど、何とか問題はそこでクリアしていかないと、将来非常に閉塞感に満ちた青少年を再生産していかないかなという心配があります。

実は私、現場でやっていることで申し上げますと、中国との交流を申し上げましたが、同じようにベトナムともシンガポールともラオスともやっております。国によって経済の発展状況が違うので、お金がなかなか大変なんですけど、でも続けています。結局そういうことを続けていくことが、そういうことを知ることが青少年にとっても大変な財産になるだろうと私は思っているんです。だから何もやらないわけにいかないんですね。確実に今は国際化というと、すぐ欧米を考えるんですけれども、実は数十年後の日本を考えた場合、大事なのはアジアなんです。

木村孟／田村哲夫（聞き手　編者）

関根：私たちは日ごろから教育の現場に立たされていて、その中で「教育的」という言葉をさまざまな意味で使っていますが、この「教育的」ということとはどういうことなのでしょうか。学校評価、学習指導要領の改正、そして教員免許状の更新制ということとの三つに貫いているものは何か、そしてそれらはこの「教育的」というものにどうつながっていくのか、この点について私たちが認識しておく必要があることをお二人に説明していただけたらと思います。

木村：おそらく、答えは田村先生と同じになるのではないかと思いますが、私は、こういうふうに考えています。ただ今の関根先生の問題提起は面白くて、確かに、我が国には、学習指導要領、免許更新制、学校評価等様々な仕組みがありますね。それでも、どうしてこれだけ教育論議が盛んになるかということなんですが、これは、国民が、教育にものすごく期待しているからではないかと思います。

どうしてそんなに期待しているのかというと、これは、田村先生の話の中にありました、国際化、グローバライゼーションを国民が意識しているからではないでしょうか。ナショナルスタンダードだけでは駄目なので、インターナショナルスタンダードでものを考えるということになると、例えば、学習指導要領一つとってもその視点で考えていかなければいけないと言う背景があるからだと思います。

私、前期の教育課程部会の部会長を務めましたが、我々の結論の一つは、日本は知識の吸収段階に重点を置き過ぎたのではないかというものです。

田村先生は、「ルールが変わった」とおっしゃっていましたが、私は、本来あったルールを、日本は見逃していたのではないかと思っています。

戦後、戦争で、全てをなくし、そこから立ち上がらなければいけなかった。そうしたときに何が一番大事だったかというと、とにかく欧米の知識を吸収することでした。シーズを外国から入れて、それを改良して、大量生産に結びつけたのです。

ところが、気がついてみると、シーズはもう外国にはなくなってしまい、自分達がそれを創らなきゃいけないという状況になっていた。そうなると、知識の吸収だけでは駄目で、自分たちで知識を創り、それらを総合し、活用して、新しいものを生み出して行くことをやらざるを得なくなった。

このようなことから、今回の新しい学習指導要領では、知識の吸収段階、活用段階という二つの段階を分けて考える必要があり、それぞれについてどのようなことをやればよいかの提案をした次第です。

次に、学校評価についてです。これまでは、学校では、「教えてやろう」ということでやってきましたが、欧米の高等教育の世界から、それでは駄目なのだ、カスタマーのことを考えなければいけないという発想が出てきた。具体的には、カスタマーが満足するような商品、商品と言うと言い過ぎですが、つまり教育サービスを提供しなければいけないという発想が出て来、本当にそれができているのかとか、教育には税金を使うので、それがきちんと使われているか等についてチェックが必要だということになり、評価というシステムが生まれたということです。最近、日本にも、そのシステムが入ってきたことは、すでに述べたとおりです。

次に、免許更新制。これについては、かなり経済界からのプレッシャーもあったと思いますが、これも教育に対する国民の期待の現れですね。いい教育を供給するためには何が必要か。当然ですが、質のいい先生が必要です。東京都の教育委員会でも、毎回懲戒処分についての案件が出てきますが、懲戒処分を受ける先生方の数は、パーセンテージにすると、極めて低い。しかし、そういう先生が出てくるということはやはり問題ですね。このようなことから、いわゆるティーチャーバッシングというのが実際に起きているようですが、それも、質の高い先生が欲しいと言う国民の願望の現われだと思います。そういうことから、指導要領も変わったし、免許更新制も導入されたし、学校評価制度も取り入れられたということでしょう。全体としては、そのような筋書きになっているのではないかと思います。

田村：今、木村先生が最初におっしゃったように、全く同じ意見なので、あえて申し上げることもないんですけれども、「ルールが変わった」という言い方をあえてしたのは、現在「こういうやり方でいいんだ」というふうに思っておられる方々が、ほとんどの学校の先生方なんですね。なぜかというと、そういうふうに自分が習ってきたから、そのようにやるというふうに、やっておられるわけです。

ですから、それが「習ってきたのと違うんだよ」ということを分かっていただくために「ルールが変わった」という言い方をしたんですけど、本来的には、そういうことです。今、木村先生が解説したとおりだと思います。

ただ、なかなか実際は、意識の変革というのは難しいんですね。いつも思うんですけど、例えば、フランスの幼稚園の先生が来て、日本の幼稚園を見たときに、有名な話ですけど、子どもたちが太陽を黄色で描いたんです。それを先生が見ていて、「これは赤だよ」と言って指導したというんですね、日本の先生が。そしたらフランスのその先生が不思議な顔をして、「いや太陽は黄色じゃないの」と言ったという話があるんです。

だから太陽は赤で描くものという思い込みが、そういうルールとしてあるわけです。それが国際化の中で、変更を余儀なくされているというのが、現実問題としてあるんだけど、なかなか、それは受け入れられないという、こういうことが今の悩みだと思うんです。

だから、それは、やっぱりどこかから言い出して、伝えていかなきゃいけないわけで、学習指導要領というのは、その手段の一つだと思います。

それで「生きる力」という概念を、ずっと変えてないんです。前も生きる力だし、今回も変えてないんです。ですから、前が間違っていたという見解は全く取ってないんです。同じことを言っているんですけども、伝わり方が十分でない。

十分でないのは、文科省サイドにも問題があったと思いますけれども、現場の受け止め方が、とにかく、やってきてうまくいっているんだから、何で変える必要があるんだという感覚が強いんですね。だから、そこを何とか変えていかないと、結果的には、子どもたちに全部しわ寄せがいくということが起きるなというのが今の考え方なんですけどね。

関根：もう一つお二人からお教えいただきたいことがあります。まず、アメリカの教育は日本の学校教育にとって学ぶべき対象になるのかということ。そして、アジアの国々がそれぞれ展開している学校教育と日本の学校教育と比較した上で、私たちが意識化したり、学ぶ必要がある点などがありましたら教えてください。また、教育面において日本が開発途上国に対して貢献していかなければならない点などもお聞かせください。

木村：なかなか難しいご質問ですね。直接にシステムとして学べるかどうかという点ですが、高等教育、大学の立場からすると、なかなか学びにくいというのが実情だと思います。ご承知のとおりアメリカは、外から優秀な留学生なり研究者を入れて、それを自国のものとして出すということをやっている国です。

福田さんが、今年の一月に留学生三〇万人計画というものを打ち出されましたが、三〇万人になったところで、アメリカのような真似はできないでしょう。小学校、中学校、高等学校も含めて、そのまままねをするというのは難しいと思います。ただ学ぶ点は多々あろうという気はします。

今、先生がアジアの国を対象とすることも含めてとおっしゃいましたが、日本が決定的に変な国になってしまったのは、ここ二〇年ぐらいではないでしょうか。勉強ができる人を、あるいは勉強を一生懸命する人を尊敬しなくなってしまった。今まさにオバマ大統領が誕生する寸前であると思われますが、実は、オバマさんは高校生のときから、エール、プリンストン、ハーバードが獲得競争をしたという大秀才です。ものすごく勉強ができる上、人格的にも極めてバランスがとれている。

アメリカは、そういう若者を鉦や太鼓で探しているのです。

それから、サッチャーさんもそうですし、ジョン・メジャーは、そうでもなかったのですが、トニー・ブレアもものすごく勉強が出来た。それから、クリントン。変なことをやりましたが、彼も非常に勉強ができた。英国が高等学校の生徒だったころに目をつけて、彼がプリンストンに行ったときに、セシールローズの名前のついたスカラシップ即ちローズスカラーシップを与えてオックスフォードで勉強させている。英国もそういうことをやっています。

アメリカもそうだし、英国でもそうで、世界中の主な国は必死で出来る若者を探している。中国もそうだし、台湾もそうです。シンガポールも、その点では非常に激しい。しかし、日本では、そんなことをやってはいけないという雰囲気が強い。

日本の首相で、一生懸命勉強した人は誰でしょうかね。吉田茂以降の何人かはそうだと思いますが、宮沢さんあたりが最後ですかね。何もガリ勉がよいというわけではありませんが、やはり本当に一生懸命勉強した人が国のリーダーにならないと、駄目だと思います。日本は、そこのところが完全におかしくなっている。

『幕末外交と開国』という本がちくま新書から出ています。これは元横浜市立大学学長の加藤祐三先生が書かれたものです。今『篤姫』やっていますね。あのころの人は無茶苦茶に勉強していました。鎖国していたのに、西洋のことを庶民に至るまで実に良く知っていたことが随所に書かれています。

ペリーは日本と条約を締結した後、江戸へ来て庶民に会うのですが、庶民が彼らを取り囲んで、いろんな質問をしたと言います。それを聞いたペリーたちは、「どうしてごく普通の庶民が、こんなこと知っているんだ」と驚いてしまいます。庶民に至るまで、実に良く勉強していたということですね。ですから、やはり学問なんですね。一生懸命勉強すること、これに尽きますね。

田村：今のお話で十分だと思うんですが、今のお話に加えて、もしお願い申し上げるとすれば、今アメリカはアドバンスプレイスメントというのを使って、アジア諸国の中で優秀な人を引っ張っていくということを計画的にはじめています。ですから、日本の場合は、まだ言葉のバリアがあるから、ものすごく優秀でも言葉が、まだということで、そんなに顕著じゃないんですけど、韓国はかなり激しく引っ張られちゃって、優秀な人が、みんなアメリカに連れていかれているというようなことを耳にします。

ですから日本も英語教育が、もうちょっと進んでいくと、とにかく金に糸目をつけないで優秀な人を引っ張っていくということでやっているようですから、そういうことに日本の人は本当にのんきですね。非常にのんきです。国際的な関係というものを、全部内向きにしか考えてないですね。内部でどうだという、そういう考え方しかないから、非常に危険というか、本当に意識を変えないといけないという気がします。

それから、もう一つ申し上げると、日本の教育でアジアとか開発途上国で役に立つ面というのは、何だかんだいっても女性に対する教育ですね。これは明らかに進んでいます。アメリカもそうですけれども、女性に対しては、すごくちゃんとした教育が進んできている。

オリンピックにしたって、活躍しているのは女の人ばかりです。何か男の人がとても元気がないように見えるんですけれども、女性教育については、もう非常に成果が上がっていますから、先生のところで、そういう発言をするのは、ちょっと身びいきのような気がするんですけども、しかし、事実は事実ですから、そういうところは、やっぱり我々は自信を持って対応していくということでいいんじゃないかと思います。

木村：すみません。途上国に対する日本の貢献のことで、一言言い忘れましたので、付け加えさせていただきたいと思います。私も知らなかったのですが、外務省と文科省が共同でやっている国際教育協力懇談会というのがあります。私、突然、座長をやれと言われて、ええ、こんなものがあったのかと感心しましたが、その懇談会での議論を通して、発展途上国の初中教育の発展に対する日本の貢献にはものすごいものがあることを知りました。

発展途上国へ先生方を送って、各地で素晴らしい教育を展開し、先方から非常に感謝されています。日本の中では、マスコミを筆頭として、初中教育に対して悪口を言う人が多くいますが、日本は、教員の質とか、教育のシステム、そういう点に関しては国際的に極めて高い位置にいます。最近フィンランドがなんとかといわれますが、若干フィンランドの状況を知っている身としては、これは日本人が過大な評価をしているという印象を持っています。それはともかくとして、日本の初中教育は、国際的に見ても非常に優れています。

拓殖大学の学長の渡辺利夫先生は、ＯＤＡの専門家です。彼は一時ＯＤＡ支持者ということで、随分たたかれたのですが、実に地道な努力を続けています。拓殖大学に特別のコースを設けて、そこで発展途上国で貢献できる行政職あるいは教員、そういう人たちを育てています。このように、発展途上国に対して、すでに日本は、相当大きな貢献をしていますが、アフリカに対する貢献は未だ少ないのが実情です。最近やっと始まったというところです。政治的にも大きなイシューになりつつあります。

おわりに

理論は理論に徹するほど、かえって実践に有効であるという「理論と実践」の予定調和が疑われだしたのが一九七〇年代であった。そうして、東側の社会主義体制が崩壊した一九八九年を境に立ち上がった新しい世界秩序への期待が、進行していくグローバリゼーションによる様々な格差と混乱の発生と、激増する民族と民族の亀裂の間に潰えていく中で、その疑いはいよいよ決定的になった。人類社会の自己組織性と学究世界そのものの自己組織性への危機感が、それまで「自明」であった「理論と実践」の予定調和に基づく学校教育と大学像に対する批判的検討を世界的に促したのである。

いまひとつの側面として、国際的市場競争の激化によって引き起こされた先端的科学技術の開発競争と、個々の企業の生存とに関わる「人材」の養成に即応することが、学校や大学の組織的教育に求められ、教育の社会的効用の実現が先進国の教育施策の前面に押し出された。しかし、この社会的効用を視点とする要請は、激変する社会システムと学校や大学とのズレを一気に埋めようとしていて、我が国においてはかえってリスクを孕んでいる。

加えて、これまでの大学教育の前提であった「学究が学習を促す」という予定調和への信頼が、いわゆるユニバーサル化によって崩れ、後期中等教育と大学教育とのアーティキュレーションを再構成することが切実な課題となっている。

かくして、かつての「理論と実践」と「学究と学習」の予定調和を超える新たな教育の組織化がいまや課題となり、しかもその取り組みが国際通用性に耐えることを前提として求められている。一九八五年以来の臨教審の四次にわたる答申、それに加えて進められた十年に及ぶ大学審の検討や、二〇〇一年に発足した新中教審による全面的な制度改革は、この国際的動向を背景としている。しかし、こうしたグローバルな教育改革のダイナミックスと日常の教育現場との間には、決定的と言ってもよいほどの乖離がある。それは単に情報の供給に係る問題ばかりではなく、教育現場を構成する固定的な意識を変えていく、広くかつ精緻な理解に立つ生きたコミュニケーションの場の不足によるところが多い。

本著は、いささかでもこの状況を克服したいとの願いから、今日の我が国の教育制度改革に直接参画しその施策をリードしておられる方々と、大阪を中心とした近畿全体の教育関係者との直接の交流の場を得ようと「学校教育の新しい次元に向けて」と題して企画された二〇〇八年十月と十一月の二回にわたる学習会における講演をもとに、新たに起こしていただいた著述によっている。

公務による多忙を顧みず来阪していただき、またご執筆をいただいた鳥居泰彦氏、合田隆史氏、木村孟氏、田村哲夫氏の各先生のご厚意に深甚なる感謝を捧げると共に、学習会の開催にあたって惜しみなくご協力いただいた読売新聞大阪本社の皆様に厚く御礼申し上げる次第である。

また、にわかな出版についての依頼を快く受け入れ、忍耐強くご助力をいただいた東信堂社長の下田勝司氏への深い感謝をここに記したい。

なお本著は、大阪女学院大学国際共生研究所の開設を記念する研究所叢書の初穂である。大阪女学院大学国際共生研究所は、グローバルな視野に基づき平和・人権・環境・言語・教育の各分野を国際共生の観点から学際的に捉え、理論的・実践的研究を主に、その成果を通して広く世界に貢献することを目指している。

本著は、出版するにあたって、タイトルを『国際社会への日本教育の新次元――今、知らねばならないこと』として刊行することにした。

編　者

【執筆者プロフィール】

鳥居泰彦（とりい・やすひこ）
1936年生まれ。慶應義塾大学大学院博士課程修了。
慶應義塾塾長、中央教育審議会会長を経て、現在、慶應義塾学事顧問、日本私立学校振興・共済事業団理事長。

合田隆史（ごうだ・たかふみ）
1954年生まれ。東京大学法学部卒業、旧文部省入省。ミシガン大学大学院行政学修士課程修了。
徳島県教育委員会管理課長、文部省高等教育局大学審議会室長、文化庁文化財保護部記念物課長、学術国際局研究機関課長、高等教育局大学課長、同高等教育企画課長、大臣官房会計課長、大臣官房審議官（初等中等教育局担当）、大臣官房総括審議官を経て、現在、文化庁次長。

木村孟（きむら・つとむ）
1938年東京生まれ。東京大学大学院修士課程修了、東京工業大学大学院博士課程修了。工学博士。東京工業大学名誉教授。
東京工業大学教授、工学部長、東京工業大学学長、独立行政法人大学評価・学位授与機構機構長、中央教育審議会副会長を経て、現在、中央教育審議会臨時委員、東京都教育委員会委員長、文部科学省顧問。

田村哲夫（たむら・てつお）
1936年生まれ。東京大学法学部卒業。
1970年渋谷教育学園理事長に就任、1983年渋谷教育学園幕張中学高等学校、1995年渋谷教育学園渋谷中学高等学校を創立、校長に就任。文部科学省中央教育審議会委員など各種審議会委員、日本私立中学高等学校連合会長を経て、現在、渋谷教育学園理事長、東京医療保健大学・大学院理事長、教育再生懇談会委員、中央教育審議会副会長、日本ユネスコ国内委員会会長、政策研究大学院大学客員教授。

【編者プロフィール】

関根秀和（せきね・ひでかず）
1937年生まれ。関西学院大学大学院社会学研究科修士課程修了。
現在、学校法人大阪女学院理事長、大阪女学院大学学長、
大阪女学院短期大学学長。

国際共生研究所叢書 1
国際社会への日本教育の新次元――今、知らねばならないこと

2009年10月15日　初版　第1刷発行　〔検印省略〕

＊定価はカバーに表示してあります

編者 © 関根秀和　発行者　下田勝司　印刷・製本　中央精版印刷

東京都文京区向丘 1-20-6　郵便振替 00110-6-37828
〒 113-0023 TEL 03-3818-5521（代）　FAX 03-3818-5514
E-Mail tk203444@fsinet.or.jp
発行所　株式会社 東信堂
Published by TOSHINDO PUBLISHING CO., LTD.
1-20-6, Mukougaoka, Bunkyo-ku, Tokyo, 113-0023, Japan

ISBN978-4-88713-942-8　C1037

東信堂

大学の自己変革とオートノミー—点検から創造へ	寺﨑昌男	二五〇〇円
大学教育の創造—歴史・システム・カリキュラム	寺﨑昌男	二五〇〇円
大学教育の可能性—教養教育・評価・実践	寺﨑昌男	二五〇〇円
大学は歴史の思想で変わる—FD・評価・私学	寺﨑昌男	二八〇〇円
大学改革　その先を読む	寺﨑昌男	一三〇〇円
大学教育の思想—学士課程教育のデザイン	絹川正吉	二八〇〇円
あたらしい教養教育をめざして—大学教育学会25年の歩み：未来への提言	大学教育学会25年史編纂委員会編	二九〇〇円
現代大学教育論—学生・授業・実施組織	山内乾史	二八〇〇円
大学における書く力考える力—認知心理学の知見をもとに	井下千以子	三二〇〇円
ティーチング・ポートフォリオ—授業改善の秘訣	土持ゲーリー法一	二〇〇〇円
ラーニング・ポートフォリオ—学習改善の秘訣	土持ゲーリー法一	二五〇〇円
津軽学—歴史と文化	弘前大学21世紀教育センター・土持ゲーリー法一編著	二〇〇〇円
IT時代の教育プロ養成戦略—日本初のeラーニング専門家養成ネット大学院の挑戦	大森不二雄編	二六〇〇円
資料で読み解く南原繁と戦後教育改革	山口周三	二八〇〇円
大学教育を科学する—学生の教育評価の国際比較	山田礼子編著	三六〇〇円
一年次（導入）教育の日米比較	山田礼子	二八〇〇円
大学の授業	宇佐美寛	二五〇〇円
大学授業の病理—FD批判	宇佐美寛	二五〇〇円
授業研究の病理	宇佐美寛	二五〇〇円
大学授業入門	宇佐美寛	一六〇〇円
作文の論理—〈わかる文章〉の仕組み	宇佐美寛編著	一九〇〇円
学生の学びを支援する大学教育	溝上慎一編	二四〇〇円
大学教授職とFD—アメリカと日本	有本章	三二〇〇円

〒113-0023　東京都文京区向丘 1-20-6　TEL 03-3818-5521　FAX03-3818-5514　振替 00110-6-37828
Email tk203444@fsinet.or.jp　URL:http://www.toshindo-pub.com/

※定価：表示価格（本体）＋税

〈未来を拓く人文・社会科学シリーズ〈全17冊・別巻2〉〉

科学技術ガバナンス	城山英明 編	一八〇〇円
ボトムアップな人間関係—心理・教育・福祉・環境・社会の12の現場から	サトウタツヤ 編	一六〇〇円
高齢社会を生きる—老いる人/看取るシステム	清水哲郎 編	一八〇〇円
家族のデザイン	小長谷有紀 編	一八〇〇円
水をめぐるガバナンス—日本、アジア、中東、ヨーロッパの現場から	蔵治光一郎 編	一八〇〇円
生活者がつくる市場社会	久米郁夫 編	一八〇〇円
グローバル・ガバナンスの最前線—現在と過去のあいだ	遠藤乾 編	二二〇〇円
資源を見る眼—現場からの分配論	佐藤仁 編	二〇〇〇円
これからの教養教育—「カタ」の効用	葛西康徳・鈴木佳秀 編	二〇〇〇円
「対テロ戦争」の時代の平和構築—過去からの視点、未来への展望	黒木英充 編	一八〇〇円
企業の錯誤/教育の迷走—人材育成の「失われた一〇年」	青島矢一 編	一八〇〇円
日本文化の空間学	桑子敏雄 編	二二〇〇円
千年持続学の構築	木村武史 編	一八〇〇円
多元的共生を求めて—〈市民の社会〉をつくる	宇田川妙子 編	一八〇〇円
芸術は何を超えていくのか?	沼野充義 編	一八〇〇円
芸術の生まれる場	木下直之 編	二〇〇〇円
文学・芸術は何のためにあるのか?	吉岡洋・岡田暁生 編	二〇〇〇円
紛争現場からの平和構築—国際刑事司法の役割と課題	城山英明・石田勇治・遠藤乾 編	二八〇〇円
〈境界〉の今を生きる	荒川歩・川喜田敦子・谷川竜一・内藤順子・柴田晃芳 編	一八〇〇円

東信堂

〒113-0023 東京都文京区向丘 1-20-6 TEL 03-3818-5521 FAX03-3818-5514 振替 00110-6-37828
Email tk203444@fsinet.or.jp URL:http://www.toshindo-pub.com/

※定価：表示価格（本体）＋税